SOKRATES IST NICHT SOKRATES

DER KAMPF MIT DEM GESUNDEN MENSCHENVERSTAND

KLASSISCHE TRUG- UND FANGSCHLÜSSE
DARGESTELLT UND AUFGELÖST VON HORST RÜDIGER

LEBENDIGE ANTIKE
ARTEMIS

Printed in Switzerland

ISBN 3 7608 4054 X

Vorwort

Besser ein weiser Tor als ein törichter Weiser. Shakespeare

Dieses Büchlein ist zuerst im Jahre 1938 erschienen. Es hieß damals „Der Kampf mit dem gesunden Menschenverstand", und der Titel war nicht ohne Bedacht gewählt: Ging es doch dem gesunden Menschenverstand in jenen Jahren gar nicht gut, ja man konnte an seiner Genesung verzweifeln. Der Titel hatte übrigens einen weiteren Vorteil: Er klang brav an das Schlagwort vom „gesunden Volksempfinden" an, obwohl beide Gesundheiten miteinander nichts zu tun haben. Vielmehr war der Verstand auch damals der Gegenpol eines vagen Empfindens, die Vernunft die Feindin der Ideologien und Emotionen.

Der gesunde Menschenverstand ist immer in Gefahr – auch heute. Seine Gegner haben andere Namen; ihre Methoden sind im wesentlichen die gleichen geblieben: Sophisterei, Scheinlogik, eine bombastische Terminologie, mit der man naive oder leichtgläubige Zuhörer einschüchtert, unkritisch übernommene oder unüberprüfbare Dogmen, Geschäftsordnungsakrobatien – kurz, das Arsenal einer depravierten Rhetorik und Diskussionstechnik, die das Publikum nicht überzeugen, sondern blenden möchte. So rechtfertigt sich wohl durch den anhaltenden Kampf des gesunden Menschenverstandes mit der Sophisterei, dessen Ende nicht abzusehen ist, der Neudruck dieses Büchleins. Es verfolgt auch jetzt keine hochgesteckten Ziele. Es will weder den gesunden Menschenverstand retten (denn das tut er in der Regel aus eigener Kraft) noch in die Forschungen (und Schulstreitigkeiten) der Logiker, Paralogiker, Mathematiker, Metamathematiker und Linguisten eingreifen oder gar mit ihnen in Konkurrenz treten. Es will nichts anderes als darstellen, wie es zum Kampf mit dem gesunden Menschenverstand gekommen ist – ohne weitere philosophische oder wissenschaftliche Ziele.

Der Ursprung liegt bei den Griechen, einem Volk mit ausgeprägtem „Menschensinn", wie Wieland das Phänomen einmal nennt, aber auch mit einer enormen Fähigkeit, diesen Sinn in Frage zu stellen. Der Schlagabtausch der Gegner – wir benutzen mit Absicht den sportlichen Ausdruck, weil die Auseinandersetzung bei den Griechen im Laufe der Zeit sportlichen Charakter annahm –

zeigt mehr Witz und Anmut als steife Würde; auf jeden Fall ist er kurzweilig und selten ohne Geist. Nebenbei bestätigt er, wie schwierig es insgemein ist, die vollen Nüsse von den tauben zu unterscheiden, und daß es dem redlichen Geist niemals leicht war, seine guten Absichten und sein besseres Können unter Beweis zu stellen.

Wie es eine Geschichte der Logik gibt, so könnte man auch eine Geschichte der Paralogik schreiben, welche Denkverlegenheiten, Scheinlösungen von Problemen, Paradoxe, Zirkel-, Trug- und Fangschlüsse umfassen müßte. Im folgenden leitet uns nicht die Absicht, eine solche geschichtliche Darstellung zu versuchen. Wir sammeln lediglich die berühmtesten und die schwierigsten Paralogismen, versuchen sie zu erklären und scheiden das überflüssige Rankenwerk, das in reichem Maße vorhanden ist, von den perennierenden Blüten. Diese verdienen zum Nutzen und Vergnügen die Beachtung der Nachwelt. Daß sie unterdessen von ihrem Reiz noch nichts eingebüßt haben, kann jedermann mühelos nachprüfen, indem er einem Zeitgenossen die alten Rätsel zu lösen aufgibt.

Wenn wir uns im wesentlichen auf die griechischen Trugschlüsse beschränken, so um der Einheitlichkeit des Stoffes willen, aber auch weil keine spätere Zeit und kein anderes Volk als dieses von Grund auf philosophische eine solche Anzahl witziger und schwieriger Trugschlüsse ersonnen hat. Was nach ihm folgt – die Gottesbeweise des Mittelalters, Shakespeares Feuerwerk von Wortspielen, manche Eulenspiegelei und Schildbürgerei bis zu Johann Peter Hebels Anekdote „Glück und Unglück" oder Sigismund von Radeckis amüsantem „Nachweis", Zenon von Elea sei der eigentliche „Erfinder des Films", Entgleisungen ernsthafter Logiker, das Russelsche Paradoxon, die Paradoxe, an denen sich die modernen Mathematiker und Linguisten die Zähne ausbeißen –, all das wiederholt, erneuert, verfeinert, vertieft, von einigen Ausnahmen abgesehen, das von den griechischen Denkern zubereitete Material, wie etwa die ins Unendliche fortsetzbare Diskussion über den „Lügner" und seine Auflösungen beweist. Und da es die beiden größten griechischen Philosophen für angebracht hielten, besondere Schriften gegen die sophistischen Schlüsse zu verfassen, haben auch diese Gegenangriffe am Nachleben der

Sophistik, der Sophisterei und ihrer Widerlegung mitgewirkt. Auf dieses weite Feld näher einzugehen, hätte ein Buch von doppeltem oder dreifachem Umfang erfordert, mußte also – der Anlage und dem Charakter der Reihe „Lebendige Antike" entsprechend – außer Betracht bleiben. Doch sind die wichtigsten neueren Werke zum Thema und zu seinen Implikationen im Literaturverzeichnis bzw. in den Anmerkungen zu den einzelnen Kapiteln nachgewiesen.

Was die Art der Darstellung betrifft, so halten wir es nach dem alten Brauch, mit den Würdigen ernst und mit den Narren lustig zu sein, im übrigen aber mit dem großen Grimmelshausen: „Es ist einer darum kein Narr, wannschon er närrische Einfälle hat, dann wir haben in der Jugend gemeiniglich alle dergleichen; welcher aber solche herausläßt, wird vor einen gehalten, weil teils ihn gar nicht, andere aber nur halb sehen lassen. Welche ihren gar unterdrücken, sein rechte Sauertöpfe; die aber den ihrigen nach Gelegenheit der Zeit bisweilen ein wenig mit den Ohren herfürragen und Atem schöpfen lassen, damit er nicht gar bei ihnen ersticke, dieselbige halte ich vor die beste und verständigste Leute."

Hans Helmut Christmann und anderen wohlmeinenden Kritikern danke ich für einzelne Hinweise.

Meinen Lesern wünsche ich einen Teil des Vergnügens, das mir die Arbeit bereitet hat.

Horst Rüdiger

Antike Trugschlüsse in modernem Gewande

Als Sancho Pansa, der sprichwortgewandte Knappe des edlen Ritters Don Quixote von der Mancha, seine eingebildete Statthalterschaft auf einer eingebildeten Insel verwaltet, trägt ihm ein Fremder einen schwierigen Rechtsfall vor. Sancho soll ihn entscheiden und dadurch dem Spott der Höflinge ausgesetzt werden, die den armen Knappen in die Klemme gebracht haben. Dem Rechtsfall liegt folgender Tatbestand zugrunde[1]:

„Ein wasserreicher Fluß trennte zwei Distrikte einer und derselben Herrschaft ... Über diesen Fluß führte eine Brücke, und am Ende dieser Brücke standen ein Galgen und eine Art von Gerichtshaus, in dem sich für gewöhnlich vier Richter befanden, die mit der Rechtsprechung nach dem Gesetz betraut waren, das der Herr des Flusses, der Brücke und der Herrschaft gegeben hatte. Dieses Gesetz lautete folgendermaßen: Wenn jemand über diese Brücke von einem Ufer zum andern geht, so soll er vorerst eidlich erklären, wohin er geht und was er tun will. Sagt er die Wahrheit, so lasse man ihn passieren; lügt er, so hänge man ihn ohne Gnade und Barmherzigkeit an den Galgen, der hier zu sehn ist, und er sterbe. Wiewohl man das Gesetz und seine strenge Strafandrohung kannte, gingen doch viele Leute hinüber. Aus ihrer eidlichen Erklärung erkannte man, daß sie die Wahrheit sagten, und die Richter ließen sie frei passieren.

Da geschah es nun, daß ein Mensch, dem man seine Erklärung abforderte, den Eid leistete und sagte: ‚*Bei dem Eid, den ich soeben ablege, schwöre ich, daß ich in keiner andern Absicht komme, als um an diesem Galgen dort zu sterben.*' Die Richter erwogen die Erklärung hin und her und sagten unter sich: ‚*Lassen wir diesen Menschen frei passieren, so hat er einen falschen Eid geschworen und muß nach dem Gesetz sterben; hängen wir ihn aber, so hat er geschworen, daß er an diesem Galgen sterben werde, und da er sonach die Wahrheit gesagt hat, so ist er nach demselben Gesetz frei.*' "

Sancho, um seine Entscheidung befragt, läßt sich den Fall ein zweites und ein drittes Mal vortragen und meint dann: „Man lasse von diesem Menschen den Teil passieren, der die Wahrheit

gesagt hat, und hänge den Teil, der gelogen hat." Weil sich das salomonische Urteil nicht vollstrecken läßt, entscheidet er endlich dahin, man solle den Menschen laufen lassen, „da die Gründe für seine Verurteilung und Freisprechung sich in den Waagschalen der Gerechtigkeit das Gleichgewicht halten".
Niemand wird vermuten, daß dem Dilemma ein Trugschluß zugrunde liegt, der rund zweitausend Jahre vor der Zeit erfunden wurde, als Cervantes ihn dazu benutzte, seinen Sancho in Verlegenheit zu bringen. Es ist der sogenannte „Lügner", verquickt mit einigen anderen Trugschlüssen, die von den Griechen stammen und sich durch den Unterricht der Logiker bis auf die Tage des Cervantes forterbten. Wie er aufzulösen ist, werden wir später sehen.
Wer aber meinen sollte, das Dilemma sei längst vergessen, befindet sich im Irrtum. Es ist im Gegenteil auf einen Schlag so vielen Zeitgenossen bekannt geworden wie nie zuvor. Der Film hat sich seiner mehrmals bemächtigt und tausendjährige Rätsel erneut zu lösen aufgegeben.
In der tragikomischen Geschichte von dem „Maulkorb" erzählt Heinrich Spoerl, wie ein Staatsanwalt höchstselbst dem Standbild seines gnädigen Landesherrn zu vorgerückter Stunde und unter der Einwirkung einiger Flaschen Rheinweins das Corpus delicti vorgebunden hat, und es findet ein Prozeß statt. Der Maler Rabanus weiß von dem Vergehen des Staatsanwaltes, der selbst nichts mehr davon ahnt und die Anklage gegen einen Unschuldigen erhebt. Rabanus will den Staatsanwalt schonen, teils aus Verständnis für eine menschliche Schwäche, teils aus Zuneigung zu seiner Tochter, und verweigert die Aussage. Der Vorsitzende macht den Zeugen darauf aufmerksam, daß er durch Haftstrafe zur Aussage gezwungen werden kann, und will ihn festnehmen lassen. Da sagt Rabanus, *er werde aussagen – aber falsch.* Der Staatsanwalt springt auf und hält ihm seinen Zeugeneid vor. Worauf Rabanus erwidert, *er leiste keineswegs einen Meineid, da er ja vorher ausdrücklich betont habe, daß er falsch aussagen werde.* Auf diese Antwort des Malers Rabanus geschieht dasselbe wie in der Geschichte des Kandidaten Jobses: ein allgemeines Schütteln des Kopfes, das die Verlegenheit bestätigt, in welche das moderne Gericht durch den alten Fangschluß der Megariker geraten ist.

Denn wie es auch entscheidet, so scheint es falsch zu entscheiden. *Sagt es, die Aussage sei ein Meineid, so widerspricht es der Tatsache, daß Rabanus seine falsche Aussage vorher angekündigt hat; entscheidet es dahin, die falsche Aussage sei kein Meineid, so würde es einen Präzedenzfall schaffen, der verheerende Folgen für die Rechtspflege haben könnte.*
Es ist erstaunlich, was für eine Lebenskraft jene Spitzfindigkeiten haben, mit denen ein paar scharfsinnige Geister um die Zeit der Perserkriege den gesunden Menschenverstand in die Enge treiben wollten. Sie haben die Generationen besser überstanden als mancher kluge Gedanke, der damals gedacht worden ist.
Aber sind es tatsächlich nur Spitzfindigkeiten gewesen? Oder lagen ihnen wirkliche Probleme zugrunde? Wurden sie nur zu müßigem Vergnügen erfunden, oder verfolgten die Erfinder bestimmte Ziele? Wie endlich sind die schwierigen Fragen zu lösen? Um das beantworten zu können, müssen wir ein wenig weiter ausholen.

Ein Kapitel Philosophiegeschichte und Logik

Ein Mann steht am Ufer des Mittelmeeres. Er beobachtet, wie der Sonnenwagen, rot und glühend, aus den Wellen steigt und sich am Firmament erhebt. Langsam und stetig entfernt er sich von der messerscharfen Linie des Horizontes, wird kleiner und verfärbt sich vom Roten ins Rötliche, ins Gelbe, ins Weiße. Geblendet wendet sich der Beobachter von dem Schauspiel ab und beginnt sich zu wundern.
Vor allem möchte er wissen, wie groß die Scheibe in Wirklichkeit ist. Wenn er einen Berg besteigt und ihr näherkommt, so wird sie nicht größer. Läßt sich daraus nicht schließen, daß die Sonne tatsächlich nur so groß ist, „wie sie uns erscheint", das heißt, daß sie „die Breite eines menschlichen Fußes" hat[1]? Aber muß man nicht anderseits aus ihrer glühenden Hitze schließen, daß sie erheblich größer ist? So groß wie eine der Inseln im Meere oder gar noch größer – größer sogar als die Peloponnes[2]? Es

kann den Nachdenklichen bei diesem Gedanken schwindeln; aber vielleicht müßte man sogar noch kühner sein und die leuchtende Scheibe für so groß halten wie die ganze Erdscheibe[3]?

Alle Dinge haben zwei Seiten. Auch die kritische Naturbeobachtung, welche die kleinasiatischen Ioner entwickelten, ist ein zweischneidiges Schwert. Je kritischer der menschliche Verstand gegen den kindlich-frommen Glauben der Väter wird, um so kritischer lernt er auch, gegen sich selbst zu sein. Er sieht, daß das Vertrauen auf die Sinne enttäuscht werden kann. Das Ruder, das halb unter dem Wasserspiegel liegt, ist nicht wirklich gebrochen, sondern nur scheinbar. Der eine Mensch hört die Grillen auf dem Felde singen, der andere ist „grillentaub". Die Sonne scheint so groß wie ein menschlicher Fuß, und sie muß aller Wahrscheinlichkeit nach größer sein. Der große Triumph der Naturbeobachter: das Zeugnis der Sinne, die Erfahrung, der Versuch, wird in Zweifel gezogen. Erst war die Natur dem Geiste ein Problem; jetzt wird er sich selbst problematisch. Die Kritik der Erkenntnis setzt ein.

Auf diesem Wege begegnen uns zuerst die seltsamen Denkverlegenheiten und Trugschlüsse, die das menschliche Denken wie sein Schatten begleiten. So verspielt und kurios sie auf den ersten Blick anmuten, so aufschlußreich sind sie bei näherem Zusehen. Denn Irrtümer eröffnen manchmal einen tiefen Blick auf die gesuchte Wahrheit; ohne ihre erhellende Wirkung wären viele Fragen, die jetzt schon ins Bewußtsein traten, noch gar nicht „an der Zeit" gewesen. Insofern haben sie eine von ihren Erfindern im Ziel zwar erstrebte, im Wege aber verfehlte Absicht dennoch erreicht: der Wahrheit zu dienen, soweit sie den Menschen erkennbar ist.

Wenn jemand die Sonne für genau so groß hielt wie die Erde, so ging er von der richtig beobachteten Tatsache aus, daß weit entfernte Gegenstände kleiner erscheinen, als sie wirklich sind. Das Ergebnis widerspricht zwar der unmittelbaren Anschauung, keineswegs aber dem gesunden Menschenverstand. Denn dieser wahrhafte Freund unseres weiteren Weges, der uns durch das Labyrinth der Trugschlüsse wie der Faden Ariadnes führen soll, kann sich an Hand ähnlicher Beispiele die Sonne erheblich viel größer vorstellen, als sie dem Auge erscheint, wenn er sie nur für genügend weit entfernt hält.

Anders die Trugschlüsse. Ihre Urheber unterwerfen die Anschauung meist dem Verdacht, ihr sei unter gar keinen Umständen zu vertrauen. Sie heißen den Geist sich auf sein ureigenes Gebiet zurückziehen und hier eine Herrschaft der Paralogik errichten. Dieses Verfahren erweckt eine gewisse Achtung, weil hier ein Grundsatz gegen allen Augenschein mit äußerster Folgerichtigkeit bis zum Ende durchdacht wird. Anderseits ist es erheiternd zu sehen, wie die Paralogiker allerorten mit dem gesunden Menschenverstand in Widerspruch geraten und als Verfechter ihrer Idee sich durch nichts beirren lassen. Sie verhalten sich wie der Ritter Don Quixote, der lieber eine Schramme in Kauf nahm, als daß er nur um Haaresbreite von dem Wege abgewichen wäre, den ihm seine Überzeugung vorschrieb.
Wenn Heraklit die Sonne für so breit hielt wie einen Fuß, so beging er möglicherweise einen Fehlschluß: Er machte den Augenschein der unveränderlichen Sonnenbreite bei einer Bergbesteigung zur Grundlage seiner These. Er hätte gewiß jede Gelegenheit wahrgenommen, den Fehlschluß zu vermeiden, wenn er damit der Erkenntnis der Wahrheit nähergekommen wäre. Anders der Paralogiker. Seine Trugschlüsse sind beabsichtigte, scharf durchdachte Handlungen des Verstandes, ja im Laufe der Zeit sind sie ihren Urhebern zweifellos als trügerisch bewußt geworden. Sie waren als Finten gedacht, um den Gegner in einen Hinterhalt zu locken, wo er leichter zu erledigen war.
Die alten Naturphilosophen hatten nacheinander Feuer, Wasser, Erde und Luft oder auch alle Elemente zusammen für den heiß umstrittenen Ursprung aller Dinge gehalten. Blieb man beim Stofflichen, so war es nicht schwer, noch eine Reihe weiterer „Ursprünge" aufzufinden. Es war darum eine bedeutsame Wendung, als man das „Eigentliche" nicht mehr im Stofflichen, sondern in einer geistigen Wesenheit suchte. Die Pythagoreer hielten die Zahl für den Urgrund der Welt; Heraklit nannte den Kampf den „Vater aller Dinge". Er sah, wie sich die Welt in Gegensätzen darstellt und dennoch nicht auseinanderfällt; deshalb nahm er einen alles umfassenden geistigen Urgrund an, den er verschieden benannte: Verhängnis, Notwendigkeit, Gottheit oder noch anders. Die Bewegung und den Wandel, den er täglich vor Augen sah, hat Heraklit gleichsam als sichtbare Äußerung des höchsten

geistigen Urgrundes genommen. Mit dem schönen Bilde des Flusses, in dem uns „anderes und wieder anderes Wasser" zufließt[4], drückte er seine Anschauung vom Wandel der Dinge aus. Goethe hat sie dann ganz im Sinne Heraklits, auf den er sich gern berief, umschrieben:

... Willst du nach den Früchten greifen,
Eilig nimm dein Teil davon!
Diese fangen an zu reifen,
Und die andern keimen schon;
Gleich mit jedem Regengusse
Ändert sich dein holdes Tal,
Ach, und in demselben Flusse
Schwimmst du nicht zum zweitenmal ...

Die beiden letzten Verse geben ein Bruchstück Heraklits fast wörtlich wieder[5].
Aber gerade das Vertrauen auf die Anschauung der Sinne, das sich bei Heraklit äußert, erregte den entschiedenen Widerspruch der beiden Denker, die aus der griechischen Kolonie Elea in Unteritalien stammten und darum Eleaten genannt werden: des Parmenides und des Zenon. Parmenides hielt „Entstehen" und „Vergehen", „Veränderung des Ortes", „Wechsel der leuchtenden Farben" für nichts anderes als „leere Namen"[6]. Er und seine Schüler „nahmen eine zweifache Substanz an: eine des wahrhaft Seienden, nur im Denken Erfaßbaren; die andere des Werdenden, mit den Sinnen Wahrnehmbaren. Dieses letzte wollten sie nicht als wirklich seiend anerkennen, sondern nur als scheinbar seiend. Daher sagt er, daß es vom Seienden eine ‚Wahrheit' gibt, vom Werdenden dagegen nur eine ‚Meinung'[7]."
So weit ein alter Bericht über die erste große Entwertung der Sinnenwelt in der Geschichte. Eine eiskalte Luft wehte uns aus dem warmen Süden Italiens an, wo diese Lehre entstand. Alles, was dem Menschen lieb und wert ist, wird hier als bloßer Trug seiner Sinne entlarvt. Trug ist das Greifen nach den Früchten, Trug das Schwimmen im Flusse, Trug die Bewegung und der Wandel. Wahr ist allein, was sich dem Denken als „seiend" darstellt. Darauf haben wir uns zu verlassen und auf nichts sonst. Zwischen Heraklit und Parmenides klafft zum erstenmal ein

Gegensatz, der bis heute nicht geschlossen ist und als Lehre von „Leben" und „Geist" noch die Gegenwart bewegt.
Wenn Parmenides dem reinen Denken als der einzigen Quelle aller Wahrheit so viel Gewicht beimaß, mußte seine Teilnahme natürlich besonders dem Denkvorgang selbst gelten. So wurde er der „Vater der Logik"[8], wie man seinen Schüler und Schatten Zenon den Vater der Paralogik nennen könnte. Er hat offenbar zuerst die Bedeutung des logischen Urteils genau erkannt. Wir sagen etwa: „Die Sonne ist hell" und fällen damit ein Urteil, indem wir das Subjekt „Sonne" durch die Kopula „ist" mit dem Prädikat „hell" verbinden.
So weit ist alles in bester Ordnung, und wir könnten Parmenides dankbar sein für seine Aufklärung. Die Angelegenheit forderte aber offenbar schon die Bedenken des Parmenides heraus. In dem Urteil „Die Sonne ist hell" wirkt das Wörtchen „ist" tatsächlich nur als Bindeglied zwischen „Sonne" und „hell". Nun kann man ihm sofort ein anderes Gewicht geben, wenn man allein sagt: „Die Sonne *ist*." Hier bedeutet „ist" mehr als ein Bindewort; es hat den Sinn von „existiert". Das Unglück wollte es aber, daß weder Parmenides noch seine Schüler diesen Unterschied erkannten. Zu welchen wahrhaft verhängnisvollen Folgen dieser Mangel führte, werden uns die Sophisten zu sagen haben.
Auf das „ist" im Sinne von „existiert" kam es nun Parmenides besonders an. Es heißt in seiner Terminologie „das Seiende" oder „das Sein". Es ist schlechthin vorhanden, und Parmenides sagt darüber: „Nur das Seiende gibt es ... Das Nichtseiende aber ist unmöglich[9]." Eine wahrhaft religiöse, beinahe mystische Begeisterung spricht aus den Sätzen des Parmenides, wenn er auf die Lehre vom Sein, auf die Ontologie, zu sprechen kommt. Aber gerade der mystische Geist seiner Grundlehre macht diese logisch bedenklich. Denn mit dem Satze, daß nur das Seiende ist, das Nichtseiende aber nicht ist – mit diesem Satze ist schlechterdings gar nichts ausgesagt und kein wirkliches Urteil gefällt. Es ist ein sogenanntes identisches Urteil, das Hauptbollwerk aller Paralogiker und die Grundlage zahlloser Trugschlüsse.
Das Sein als das einzig Wahre steht in schärfstem Gegensatz zu Heraklits Werden. Es ist laut Parmenides ungeworden, also ewig, und unveränderlich. Es ist auch nicht aus Vielem zusammenge-

setzt, sondern Eines. Wo uns die Sinne das Gegenteil sagen, da lügen sie. Insonderheit lügen sie, wenn sie uns eine Vielheit und eine Bewegung vortäuschen. Die Vielheit der Dinge und die Bewegung sind für Parmenides die Haupt- und Erzlügen der Sinne. Starr ruht das Eine in sich, „kugelförmig“[10], wie Parmenides es umschreibt. Es ist das Wahre; alles andere ist Trug.
Unvermerkt hat Parmenides den gesunden Menschenverstand in Bann geschlagen, dem dieser unversöhnliche Radikalismus widerstrebt. Er soll seinen Sinnen so wenig trauen dürfen, daß er die Bewegung, das Werden, den Wandel, die er überall wahrnimmt, für eine Lüge zu halten hat? Die bunte Vielheit der Dinge soll er zugunsten des Einen, nur Denkbaren – des „Seins“ aufgeben? Er wehrt sich mit aller Energie gegen die widersinnige Zumutung.

Zenon von Elea

Parmenides war zweifellos einer der originellsten Köpfe, die Griechenland hervorgebracht hat. Aber er hatte einen Fehler: Er hatte Schüler. Seine Lehre hatte ihre eigentliche Stärke darin, daß sie unanschaulich, dafür aber in sich folgerichtig war – ein Ungeheuer in Kugelform, dessen stählerne Außenseite keine Angriffsfläche bot.
Natürlich war die Lehre des Parmenides von vornherein dazu verurteilt, bei den breiten Schichten erfolglos zu bleiben. Wen die „Wahnvorstellungen der Sterblichen“[1] so wenig kümmerten wie den Eleaten, der konnte nicht hoffen, von ihnen anerkannt zu werden. Aber Parmenides hoffte gewiß gar nicht darauf; denn er verachtete die „doppelköpfigen“ Sterblichen[2] nicht minder als der selbstbewußte Heraklit.
Anders sein Schüler Zenon. Sein Ziel ging dahin, Bekenner für die parmenideische Seinslehre zu werben[3]. Bei der offenkundigen Unanschaulichkeit dieser Lehre war es kein einfaches Unterfangen. In der Absicht, die Schwierigkeit zu meistern, unternahm Zenon etwas Merkwürdiges: Er wies anschaulich die denknotwendige Unanschaulichkeit der Lehre vom Sein nach. Um diese Lehre

zu verteidigen und unter die Leute zu bringen, erfand er seine berühmten „Bedenklichkeiten“, die sich auf Trugschlüsse gründen. Es gehört zu den tiefsinnigen Paradoxen der Geschichte, daß diejenige Lehre, welche die Wirklichkeit der Sinneswahrnehmung am entschiedensten als Lug und Trug ansah, zu ihrer Verteidigung des Trugschlusses bedurfte – eine deutliche Warnung an allzu eifrige Gegner des gesunden Menschenverstandes! So entstand gleichzeitig mit der Logik, „neben der Logik her“, diejenige geistige Handlung, die bei den Griechen „Paralogismos“ hieß: der Trugschluß.

Zenon wurde wegen seiner Redegabe und seines Scharfsinnes von Platon der „eleatische Palamedes“ und von Kant ein „subtiler Dialektiker“ genannt[4]. Er war etwa fünfundzwanzig Jahre jünger als Parmenides, mit dem er freundschaftlich verkehrte. Die längste Zeit seines Lebens brachte er in seiner Heimat Elea zu, um die er sich als Bürger verdient gemacht hat. Etwa um die Mitte des 5. Jahrhunderts ist er nach Athen gereist und hat dort die bedeutendsten Geister der Zeit, unter anderen Perikles und vielleicht auch Protagoras, das Haupt aller Sophisten, mit der Lehre seines Meisters bekannt gemacht. Auf jeden Fall hat er Rhetoren, Logiker und Paralogiker mächtig angeregt und mit seinen Scheinbeweisen gegen die Bewegung und die Vielheit der Dinge ein Samenkorn in die fruchtbare Erde der griechischen Dialektik gelegt, das schon bald nach seinem Tode allerorten Früchte zeitigte.

Wann, wie, wo er gestorben ist, wissen wir nicht. Nach der Legende hat er sich nicht nur in Worten, sondern auch im Handeln eines Philosophen würdig gezeigt. Bei einem Unternehmen zur Befreiung seiner Vaterstadt von der Gewaltherrschaft soll er ergriffen worden sein und auch unter den schwersten Foltern zu seiner Tat gestanden haben. Die Berichterstatter des Altertums können sich an grausigen Einzelheiten nicht genug tun. Vielleicht ist er dabei zugrunde gegangen.

Zenon hat wahrscheinlich keine eigene Lehre geschaffen, sondern seine ganze Kraft darauf verwendet, Meister Parmenides zu verteidigen. Dieser war nämlich durch seine Gegner lächerlich gemacht worden – der gesunde Menschenverstand hatte mit der Waffe des Spottes geantwortet. Zenon war als guter Schüler darüber erbittert und zahlte den Gegnern mit gleicher Münze heim. Er wollte ihnen zeigen, daß ihr kindisches Vertrauen auf die Sinne zu noch ungereimteren Ergebnissen führen müsse als die Lehre des Meisters. Vor allem mußte er ihnen also die Vielheit der Dinge und die Bewegung verdächtig machen.

Etwas ist zugleich klein und groß

„Meister Parmenides sagt" – so doziert Zenon[1] –, „daß das Seiende eins, nicht Vieles ist. Ihr Sklaven eurer Sinne behauptet das Gegenteil. Wie, wenn ich euch nun nachweisen könnte, daß eure Behauptung von der Vielheit des Seienden zu einer ganz ungereimten Folgerung führen müßte?"
Die Anhänger des gesunden Menschenverstandes, die solche Worte aus Zenons Munde hören, sind begierig, die Folgerung zu vernehmen.
„*Gut*", sagt Zenon, „*ich werde euch beweisen, daß nach eurer törichten Behauptung das Seiende gleichzeitig unendlich klein und unendlich groß sein müßte.* Und ihr werdet wohl zugeben, daß das unmöglich ist."
Gewiß ein Ding der Unmöglichkeit!
„*Eine Vielheit ist doch eine Mehrheit getrennter Einheiten. Eine Einheit kann man aber nur nennen, was sich nicht teilen läßt. Das Unteilbare aber hat keine Größe (denn hätte es Größe, so müßte es sich auch teilen lassen). Dieses zugegeben, haben aber alle Einheiten, aus denen ja die Vielheit bestehen soll, keine Größe. Fügt man nun etwa zwei solcher Einheiten zusammen, so zeigt sich, daß sie beide noch keine Größe ergeben; fügt man eine dritte hinzu, so entsteht auch keine Größe; denn aus nichts kann nichts werden, und so fort bis ins Unendliche. Dasselbe ergibt sich, wenn man von mehreren solcher Einheiten eine wegnimmt: Auch dann verkleinert man nichts, weil gar nichts vorhanden ist, was man überhaupt verkleinern könnte. Auf jeden Fall sind die Einheiten lauter Nichts hinsichtlich ihrer Größe. Die Vielheit besteht aber laut zugestandener Voraussetzung aus einer Mehrheit von Ein-*

heiten – aus einer Summe von Nichts. Demnach wäre das Seiende, wenn es eine Vielheit wäre, gar keine Größe, das heißt unendlich klein; besteht es doch aus lauter Einheiten, die Nichts sind."
Nicht viel besser steht es, wenn umgekehrt bewiesen wird, daß das Seiende unendlich groß ist.

„Die Vielheit ist – wie gesagt – eine Mehrheit getrennter Einheiten. Jede dieser Einheiten muß eine bestimmte Größe haben; denn was keine Größe hat, besteht ja gar nicht – ist nicht. Eine jede dieser Größeneinheiten aber hat einen äußersten Teil, eine Grenze, die von der Grenze der nächsten Einheit eine gewisse Entfernung hat. Dasselbe aber gilt von dem, was zwischen den Grenzen der Einheiten liegt: Es hat Größe (sonst bestünde es ja gar nicht), und sein äußerster Teil muß von dem anderen durch einen dazwischenliegenden getrennt sein. Diese Teilung kann man bis ins Unendliche fortsetzen. Demnach besteht jede Vielheit aus unendlich vielen Teilen, die alle Größe haben, das heißt, es gibt unendlich viele Größen oder eine unendliche Größe. Die Voraussetzung der Vielheit zwingt darum zu dem Schluß, daß das Seiende unendlich groß ist, besteht es doch aus lauter Einheiten, die eine bestimmte Größe haben.

Also wäre das Seiende sowohl unendlich klein wie unendlich groß – wenn es eine Vielheit gäbe. Aber es gibt eben keine Vielheit, sondern nur das Eine, wie Meister Parmenides sagt und wie ich euch schlüssig bewiesen habe."

Unter dem verwirrenden Eindruck der zenonischen Denkverlegenheiten meinte noch der schottische Logiker Hamilton[2], die Beweise Zenons seien zwar falsch, aber unwiderleglich – der gesunde Menschverstand hatte seinen Bankerott erklärt.

Zenon hat den gleichen Beweis auch gegen die Annahme einer zahlenmäßigen Vielheit geführt[3] – mit dem gleichen Erfolg, daß die „Meinung", es gebe eine Vielheit, zu den ungereimtesten Annahmen der Welt zu gehören scheint. Vielleicht war Zenon zu seiner Zeit tatsächlich unwiderleglich; denn er wird seine „Beweise" nicht so durchsichtig vorgetragen haben, wie wir sie eben wiedergaben. Gewiß hat er die schwache Stelle seiner Rede noch besser verschleiert; überdies darf man nicht übersehen, daß Zenon seinen „Beweis" zunächst mündlich vorgetragen hat, was eine Widerlegung geradezu unmöglich machen mußte.

Nehmen wir indessen an, daß die oben rekonstruierte Form des Angriffs richtig wäre, so brauchte der gesunde Menschenverstand noch nicht zu verzweifeln. Er könnte vielmehr antworten:
Ehe wir auf Einzelheiten kommen, sehen wir erst einmal deine Voraussetzungen an. Sie lauten jedesmal, eine Vielheit sei eine Mehrheit getrennter Einheiten. Das muß zugegeben werden. Von dieser Einheit sagst du das eine Mal, sie müsse unteilbar sein, sonst wäre sie keine Einheit; das andere Mal, sie müsse eine bestimmte Größe haben, denn sonst wäre sie gar nicht vorhanden. Das unterscheidende Merkmal der Einheit ist also die Unteilbarkeit; nur sie macht die Einheit zu einer solchen. Die Größe hingegen kommt zweifellos nicht nur der Einheit, sondern etwa auch der Mehrheit zu. Sie ist also nicht ein besonderes Merkmal der Einheit, sondern ein solches, das sie mit anderem gemeinsam hat. Schon aus dieser Erwägung wird deutlich, daß du den Begriff Einheit bei deinen beiden Beweisgängen nicht in genau gleichem Sinne gebraucht hast. Denn wenn ich boshaft wäre, könnte ich ja etwa auch so folgern: Jede Einheit muß Größe haben; denn was keine Größe hat, ist gar nicht vorhanden. Was aber Größe hat, ist teilbar; folglich ist die Einheit teilbar. Wenn aber die Einheit teilbar ist, dann ist es nicht die gleiche Einheit, die du meintest, als du von der unteilbaren Einheit sprachst. Du meinst also das eine Mal eine wirkliche, absolute Einheit, das andere Mal eine bildliche, relative Einheit. Du wirst zugeben, daß ich diesen Gebrauch nicht billigen kann.
Aber noch mehr. Du behauptest, was keine Größe habe, könne gar nicht bestehen. Größe ist also für dich ein unterscheidendes Merkmal des Existierens, des Seins. Du machst aber leider nicht deutlich, was für ein Sein du meinst: das real-empirische oder das logisch-philosophische. Natürlich weiß ich, was du antworten willst: Ich sei ein „Sterblicher", wenn ich überhaupt einen derartigen Unterschied für möglich halten könne. Nun sehe ich aber auch deutlich deine sterbliche Stelle, großer Schüler des größeren Meisters. Für dich ist Sein und Denken identisch; wie aber kannst du dann überhaupt von einer „Größe" des Seins sprechen? Das kann allein, wer von einem greifbaren, handfesten Sein überzeugt ist. Dieses Sein wird dir genau so schwer vorstellbar sein wie mir dein reines Sein. Wie es mir fraglos klar ist, daß das Sein eine

Vielheit sei, so ist es für dich gewiß, daß es eine Einheit ist; du mußt dir Mühe geben, die Vielheit der Dinge als falsch auch nur einmal vorauszusetzen. Aber du solltest es dann auch unterlassen, in deinem „Beweis" die Größe als Merkmal des Seins zu nehmen. Hier bist du einfach nicht folgerichtig genug, und es tut mir leid, das gerade dir sagen zu müssen, der du sonsten ein Ausbund von Folgerichtigkeit bist.

Es gibt keinen Raum

Leute wie Zenon geben sich nicht leicht geschlagen. Sie antworten mit einem neuen Angriff, indem sie hoffen, daß ihrer Ausdauer gelingen wird, was ihrer Beweiskraft versagt bleiben muß. Sie versuchen, dem gesunden Menschenverstand wiederum eine seiner mächtigsten Grundlagen zu entziehen: sein Vertrauen auf den Raum[1].

„Du gibst doch zu", beginnt Zenon, *„daß alles Seiende irgendwo ist."*

Richtig und unbestreitbar.

„Wenn aber der Raum vorhanden wäre, wo müßte er sein? Offenbar doch in einem anderen Raum und dieser wieder in einem anderen und so fort bis ins Unendliche. Das aber ist doch wohl unmöglich. Also kann es überhaupt keinen Raum geben, oder auch umgekehrt: Das Seiende kann überhaupt nicht im Raume sein."

Zenon will wiederum dem Meister unter die Arme greifen. Er geht von dem Satze aus: Alles Seiende, das heißt: jedes einzelne seiende Ding ist irgendwo. Dieser Satz ist unbestreitbar richtig. Zenons Irrtum aber beruht darauf, daß er den Raum selbst als ein bestimmtes, einzelnes Ding betrachtet, das demnach immer wieder in neuen Räumen sein müßte. Der Raum ist aber kein einzelnes Ding, sondern vielmehr das „Umgreifende", „in" dem jedes einzelne Ding ist. In Zenons Satz, alles Seiende sei irgendwo, ist der Raum bereits als existierend vorausgesetzt; denn der Raum sei „irgendwo", bedeutet doch ohne Zweifel, er sei irgendwo im Raume. Wenn Zenon nun sagt, alles Seiende sei irgendwo

im Raume, so setzt er damit das als bestehend voraus, dessen Existenz er leugnen will. Er betrachtet den Raum als etwas, was „irgendwo (im Raume)“ sein müsse, weil auch alles andere irgendwo ist. Die besondere Qualität des Raumes als des alles Übrige Umgreifenden berücksichtigt er nicht. Überdies aber ist der Raum nicht selbst ein bestimmtes „Irgendwo“ wie der Ort. Er ist vielmehr die Gesamtheit aller einzelnen „Irgendwo“, nicht aber ein einzelnes „Irgendwo“ selbst. Auf dieser Verwechslung des Raumbegriffes als der Gesamtheit aller Örter mit einem einzelnen, bestimmten, im Raume liegenden Orte beruht der Irrtum in Zenons Denkverlegenheit.
Merkwürdig ist in diesem Falle, daß Zenon durch einen an sich unstatthaften Kunstgriff etwas Richtiges vorgebracht hat, wenn wir den modernen Physikern Glauben schenken wollen, welche die Nichtexistenz des leeren Raumes im physikalischen Sinne behaupten. Freilich wäre Zenon dann an der Richtigkeit der Behauptung so unschuldig wie jemand, der bei seiner Mathematikaufgabe trotz einem Rechenfehler zu einem richtigen Ergebnis gekommen ist.

Das „Hirsekorn“

Zu den Bedenklichkeiten des Zenon, die wegen ihrer Anschaulichkeit Weltruhm erlangt haben, gehört der Satz vom Hirsekorn. Die Legende will, daß Zenon ihn in der später so beliebten dialektischen Form aus Protagoras herausgefragt haben soll[1].
„Sage mir doch, Protagoras, bewirkt ein einziges Hirsekorn, das niederfällt, einen Schall, oder sogar das Zehntausendstel eines Hirsekornes?“
Als Protagoras das verneinte, fuhr Zenon fort: *„Bewirkt ein Scheffel von Hirsekörnern, der niederfällt, einen Schall oder nicht?“*
Als Protagoras erwiderte: Ja, das tue er, sagte Zenon: *„Besteht etwa nicht ein gewisses Verhältnis zwischen dem Scheffel Hirse und dem einzelnen Hirsekorn und dem Zehntausendstel eines solchen?“*

Als Protagoras es zugab, entgegnete Zenon: „*Werden nicht auch dieselben Verhältnisse unter den verschiedenen Schallwirkungen zueinander bestehen? Denn wie die schallverursachenden Gegenstände, so müssen sich auch die Schallwirkungen zueinander verhalten. Wenn das aber der Fall ist, dann wird, wenn der ganze Scheffel einen Schall bewirkt, auch das einzelne Hirsekorn, ja das Zehntausendstel eines solchen einen Schall hervorbringen.*"
Was wollte Zenon mit diesem klug ersonnenen und durchaus beachtlichen Satz? Möglich, daß er mit einem recht augen- und ohrenfälligen Beispiel wider die Vielheit der Dinge zu Felde ziehen wollte. Dann hätte er etwa folgendermaßen geschlossen: *Der Scheffel Hirse ist eine Mehrheit getrennter Einheiten, das heißt Hirsekörner. Beim Niederfallen ruft er einen Schall hervor. Dann müßte aber auch jede Einheit, ja sogar jeder kleinste Teil einer solchen, einen Schall hervorrufen; denn,* wie Zenon schon erstaunlich genau erkannt hat, „*wie die schallverursachenden Gegenstände, so müssen sich auch die Schallwirkungen zueinander verhalten*". Und nun tut er etwas, was sein Schwäche sehr deutlich zeigt: Er ruft die Sinne, deren Recht er ja gerade widerlegen will, für sein logisches Verfahren zu Hilfe und zeigt, daß wir den Fall eines einzelnen Hirsekornes oder gar eines Teiles von ihm nicht hören können. Daraus schließt er, *daß auch der Schall des Scheffels täuschen müsse, daß mithin der Scheffel nicht aus einer Vielheit von Einheiten, daß also überhaupt keine Vielheit bestehen könne.*
Natürlich ist Zenon in diesem Falle von seinen Sinnen entschieden betrogen worden – eine Tatsache, die einer leisen Komik nicht entbehrt. Noch deutlicher wird das, wenn wir annehmen wollen, daß sich Zenons Beweis ganz allgemein gegen die Glaubwürdigkeit der Sinne richten sollte. Denn dann hätte er das Gesetz vom Verhältnis der Schallursachen zu den Schallwirkungen nicht folgerichtig zu Ende gedacht. Er hätte nämlich schließen müssen, was wir heute aus dem Beispiel entnehmen: daß tatsächlich auch ein einziges Hirsekorn und sogar der zehntausendste Teil eines solchen Schall verursacht, der seiner Kleinheit entspricht. Wenn wir ihn nicht hören, so liegt es freilich an der Unzuverlässigkeit unserer Sinne, die aber eben nicht unbedingt unzuverlässig sind – denn wir hören ja den Fall des ganzen Schef-

fels –, sondern nur bedingt unzuverlässig. Aber vorhanden, wenn auch nicht mehr oder nur auf mechanischem Wege nachweisbar, ist auch der geringste Schall.
So ungenügend wir über die Lebensumstände des scharfsinnigen Eleaten unterrichtet werden, so läßt doch sein Denken auf seine geistige und charakterliche Gestalt schließen. Angeblich war er groß und ansehnlich von Wuchs. Gewiß gehörte er zu den Menschentypen, von denen der Charakterkundige sagt, daß sie der Welt ohne Zugeständnisse gegenüberstehen, nur ausschließliche Entscheidungen treffen, aus dem Grundsätzlichen und für das Grundsätzliche leben, viel Pathos, aber wenig Humor haben und – was wir ja genau wissen – in vernunftgemäßen Systemen denken.
So können wir es begreifen, daß er mit eiserner Willenskraft seine paralogische Wahrheit für die einzig gültige hielt. Mit der Radikalität, die Menschen seiner Art eigen ist, zog er den falschen Schluß, daß unseren Sinnen niemals und unter gar keinen Umständen zu trauen sei, weil sie sich manchmal als unzuverlässig oder trügerisch erweisen. Er versuchte also, die unbedingte Unzuverlässigkeit unserer Sinne nachzuweisen statt die Grenze der Zuverlässigkeit unserer Sinne, das aber bedeutet: ihre bedingte Unzuverlässigkeit aufzuweisen. Auf keinen Fall durfte er die richtig erkannte Grenze unserer Sinneswahrnehmung verallgemeinern und die angeblichen Denknotwendigkeiten des Parmenides unbedingt setzen.
Der gesunde Menschenverstand, durch einen Meister subtiler Dialektik attackiert, hat es nicht leicht gehabt, der zenonischen Bedenklichkeiten Herr zu werden. Dennoch hat er sich nicht beunruhigen lassen und vertraut weiterhin dem Augenschein, der ihm eine bunte, vielfältige Welt zeigt, in der es einen Raum und eine Menge Hirsekörner gibt. Um des leeren Satzes willen, daß allein das Seiende ist, das Nichtseiende aber nicht ist, sollte er sich mit dem starren, kugelförmigen, in sich ruhenden Sein abfinden, das wie ein grauer Stahlklumpen nicht nur das Denken, sondern auch die farbige und formenreiche äußere Welt ausfüllt? Er schüttelt sich und wirft die Vorstellung ab, die sich wie ein Albdruck auf ihn legen will.

Es gibt keine Bewegung

Aber noch hat Zenon nicht das schwerste Geschütz in Tätigkeit treten lassen. Er fährt es erst auf, wenn er nach der Vielheit auch die Bewegung leugnen will. Auch hier geht er – unnachgiebig, wie er nun einmal ist – nicht etwa von der wirklichen, sichtbaren Bewegung aus, sondern vom einzig Wahren: also vom Denken. Im Grunde will er zur Ehre seines Meisters den ewigen Kampf lächerlich machen zugunsten des starr in sich ruhenden Seins. Aber da er zwischen seinen angeblichen Denknotwendigkeiten und der äußeren Wirklichkeit nicht unterscheidet, bekämpft er auch die sichtbare Bewegung, die ihm natürlich von den Gegnern als Beweis gegen Parmenides vorgehalten wurde. So ergibt sich das groteske Bild, daß der eleatische Denker wie Don Quixote mit der Kraft seiner Dialektik gegen die beweglichen Windmühlen anrennt und meint, sie tatsächlich zum Stehen gebracht zu haben. Oder genauer: er ist überzeugt, uns bewiesen zu haben, daß sie sich gar nicht drehen können, weil sie sich laut der Lehre des Meisters nicht drehen dürfen.

„Der Meister hat gesagt: Das Eine ist unveränderlich; es gibt keine Bewegung, keinen Anfang, kein Ende. Wer an solchen Trug glaubt, muß sich gefallen lassen, daß ich ihn ad absurdum führe, und zwar etwa so[1]:

Ehe ein bewegter Körper am Ziel ankommen kann, muß er erst in der Mitte des Weges angekommen sein; ehe er an dieser ankommt, in der Mitte seiner ersten Hälfte; ehe er dahin kommt, in der Mitte des ersten Viertels und so fort ins Unendliche. Jeder Körper müßte daher, um von einem Punkte zu einem andern zu gelangen, unendlich viele Räume durchlaufen. Das (in seiner Ausdehnung) Unendliche läßt sich aber in keiner gegebenen (endlichen) Zeit durchlaufen. Es ist mithin unmöglich, von einem Punkt zu einem anderen zu gelangen; die Bewegung ist unmöglich.“

Gegen diese Form des „Beweises“ hat schon Aristoteles den gesunden Menschenverstand in Schutz genommen, indem er sagte: „Zenons Beweis ist trügerisch, mit dem er sagt, daß es unmöglich sei, in einer begrenzten Zeit eine unendlich große Strecke zu durcheilen oder jeden einzelnen Punkt der unendlichen Strecke zu berühren. Denn in ganz verschiedener Weise wird hier das Wort ‚unendlich' von der Länge und von der Zeit und überhaupt von jedem Zusammenhängenden gebraucht: entweder der Teilung nach oder der Ausdehnung nach. Eine der Ausdehnung nach unendliche Strecke kann man nicht in einer begrenzten Zeit berühren Dagegen ist das bei einer der Teilung nach unendlichen Strecke durchaus möglich. Denn auch die entsprechende Zeit ist dann im gleichen Sinne unendlich. Daher ist es möglich, in unendlich großer Zeit (und nicht in einer begrenzten) die unendlich große Strecke zu durcheilen und die unendlich vielen Punkte in unendlicher Zeit zu berühren, nicht aber in begrenzter."

Aristoteles wirft Zenon mit Recht vor, daß er den Begriff „unendlich" nicht im gleichen Sinne gebraucht, wenn er unendliche Teilbarkeit und unendliche Ausdehnung meint. Gegen die dauernde Zweiteilung ist logisch-mathematisch nichts einzuwenden; das hat Zenon erkannt, und darum wendet er sie in seinen „Beweisen" mit besonderer Vorliebe an. Nun ist für den Schüler des Parmenides Denken mit Sein identisch; folglich glaubt er sich berechtigt, die mathematisch ins Unendliche mögliche Zweiteilung auf eine wirkliche, endliche Strecke anwenden zu dürfen; daraus schließt er, diese sei „unendlich" geworden. Er setzt also ideell mögliche Teilbarkeit mit tatsächlich vollzogener Geteiltheit unbedenklich gleich – der zu keinem Zugeständnis bereite Systematiker, für den es schlechterdings unbegreiflich ist, wie zwischen dem „Wahren" und dem „Wirklichen" ein Unterschied bestehen könnte. Da er seiner ideellen Wahrheit unbedingt gewiß ist, meint er, hier den archimedischen Punkt gefunden zu haben, von dem aus er die Sinnenwelt, diese Spottgeburt des unzuverlässigsten subjektiven Wahnes, aus den Angeln heben kann. Durch sein Verfahren begibt er sich aus dem sicheren Hafen des „Seins" auf das bewegte Meer des „Nichtseins", um uns der Ausdrucksweise seines Meisters zu bedienen, und hier scheitert er an den Klippen des doppelsinnigen Sprachgebrauches.

Was nicht unter das „Sein" fiel, hieß kurz und verächtlich das „Nichtsein". Es war nicht einmal wert, einen eigenen Namen zu besitzen – ein negativer Abklatsch der grauen Kugel, dessen Existenz auch nur in Gedanken zu vollziehen eine Todsünde wider den heiligen Geist des Seins war.

Daß die Bewegung, die bunte Vielheit – kurz das Leben selbst etwas wesensmäßig anderes als die Ruhe des Geistes sei, darauf wäre Zenon nie verfallen. Noch befremdlicher aber wäre es für ihn gewesen, wenn ihm jemand klarzumachen versucht hätte, daß etwa der Geist die höchste Blüte am Baum des Lebens und daß seine „Beweise" taube Blüten seien, dazu berufen, vergeblich wider die Existenz des Baumes zu zeugen ...

Achill holt die Schildkröte nicht ein

Ein wahres Meisterstück dialektischer Kunst ist Zenons „Beweis" dafür, daß es dem schnellfüßigen Achill niemals gelingen kann, das langsamste Wesen, die Schildkröte, einzuholen, wenn er ihm nur den geringsten Vorsprung gibt. Es ist der sogenannte „Achill"[1].

„Nehmen wir an", beginnt der Dialektiker harmlos, *„Achill liefe zehnmal so schnell wie die Schildkröte und gewährte ihr eine Vorgabe von einem Meter."*

Das ist in jeder Hinsicht anständig gegen den Unterlegenen, meint der gesunde Menschenverstand und ist einverstanden.

„Beide starten also zu gleicher Zeit, und während Achill einen Meter durcheilt, legt die Schildkröte einen Dezimeter zurück. Achill durcheilt auch diesen; unterdessen ist die Schildkröte einen Zentimeter vorgerückt. Während der Schnellfüßige auch diesen durchmißt, ist sie einen Millimeter weiter, und so geht es fort bis ins Unendliche. Achill wird also die Schildkröte nie im Leben einholen; folglich ist die Bewegung ein Ding der Unmöglichkeit."

Das Beispiel ist bestechend; niemand – auch der gesündeste Menschenverstand nicht – wird sich seiner Wirkung sogleich entziehen können. Wie man es auch drehen und wenden mag – Achill holt die Schildkröte scheinbar nicht ein, und es ist nur zu verständlich, wenn die verschiedensten Besitzer gesunden Menschenverstandes Zenon diese Bedenklichkeit sehr übelgenommen haben. Konnten sie ihm doch jederzeit an beliebigen Gegenständen vorführen, wie unrecht er hatte, und gelang ihnen doch das gleiche nicht, wenn sie – wie in jedem anständigen Duell – seine eigenen Waffen benutzten und sich auf das Glatteis der Paralogik begaben. Kommt aber einer auf anständige Weise nicht zurecht, dann beginnt er meist unsachlich zu werden[2]. So wurde Zenon ein lächerlicher Scharlatan genannt, der es sich zum billigen Vergnügen seiner Nebenstunden gemacht habe, seine Mitmenschen zu Narren zu halten.

Die Wahrheit aber ist, daß Zenon sich selbst, seine „Beweise“ und seine Mitmenschen durchaus ernst genommen hat, höchstens daß er die letzteren verachtete, soweit sie keine Anhänger der Seinslehre des Meisters waren. Aber gewiß hoffte er, auch sie noch aus der Tiefe ihrer Unwissenheit zu retten – sonst hätte er ihnen nicht zu zeigen brauchen, daß Achill die Schildkröte nimmermehr einholen kann.

Was diesen „Beweis“ nun betrifft, so kam jemand auf den Gedanken, ihm folgendes entgegenzuhalten[3]: Wie man die Strecke, das heißt den Raum, teilen kann, so auch die Zeit. Dadurch entsteht ein Parallelismus, den Zenon übersehen hat und durch den die Bewegung doch ermöglicht wird, weil Raum- und Zeitteilchen einander genau entsprechen.

Die Lösung scheint verlockend einfach. Indessen geht es dem gesunden Menschenverstand so wie einer elektrischen Leitung, die übermäßig beansprucht wird: Sie antwortet durch Kurzschluß, der mit seinem Knalleffekt der leisen Tücke des Trugschlusses kaum nachsteht. So in unserem Falle. Der „Lösung“ ist nämlich ebenso einfach entgegenzuhalten: Bewegung vollzieht sich in Raum und Zeit; wenn Zenon also die übrigens ganz selbstverständliche Zeitteilung nicht auch vornahm, so wahrscheinlich deshalb, um seinem folgenden Beweis nicht vorzugreifen. Denn der Parallelismus von Raum- und Zeitteilchen vermag die zenonische Bedenklichkeit keineswegs aufzuheben, sondern nur noch zu verstärken.

Wie sich der Fall „in Wirklichkeit“ verhält, ist eindeutig klar[4]. Achill holt die Schildkröte ein, wenn sie $1/9$ Meter zurückgelegt hat. Denn da vorausgesetzt war, daß er zehnmal schneller läuft als sie, durchmißt er in der gleichen Zeit zehnmal $1/9 = 10/9 = 1\,1/9$ Meter. Doch damit kann sich kein gesunder Menschenver-

stand zufriedengeben, der den Anspruch erhebt, die Bedenken Zenons überhaupt verstanden zu haben[5]. Denn diese richten sich ja gerade gegen den Wert der sinnlichen Wahrnehmung und der ihr entsprechenden „normalen" Mathematik, und Zenon brauchte nur seinen Satz zu wiederholen, um wie ein Phönix aus der Asche dieser richtigen Rechnung aufzustehen.
Etwas tiefer wird man schon greifen müssen, wenn man Zenon nicht nur das Gegenteil handgreiflich beweisen, sondern ihm auch zeigen will, wo sein Trugschluß liegt. Zu diesem Zwecke hat man die „fallende geometrische Reihe" zu Hilfe gerufen[6]. Nach ihr läßt sich eine endliche Strecke, also etwa ein Meter, in unendlicher Weise teilen, also etwa 50, 25, $12^{1}/_{2}$, $6^{1}/_{4}$, $3^{1}/_{8}$ Zentimeter usw. bis zu einer verschwindend kleinen Anzahl von Teilen des Meters, die doch niemals den Wert Null erreichen. Nun bezieht sich diese Teilung zwar auf den vorangegangenen „Beweis", nach der ein Körper immer erst in der Mitte des Weges ankommen muß, ehe er sein Ziel erreicht; doch unterscheiden sich die beiden Sätze im wesentlichen darin, daß sie das gleiche Problem in umgekehrter Richtung behandeln, indem der erste den Anfang, der zweite das Ende der Bewegung zu erreichen sucht. Auf jeden Fall hat auch die Summe jeder unendlichen fallenden geometrischen Reihe einen endlichen Wert: $^{1}/_{10} + {}^{1}/_{100} + {}^{1}/_{1000} + {}^{1}/_{10\,000} + {}^{1}/_{100\,000}$ usw. überschreitet nicht den Wert von $^{1}/_{9}$. „Eine Größe mag ins Unendliche teilbar sein, sie hört darum nicht auf, eine endliche Größe zu sein. Unendliche Teilbarkeit und unendliche Größe sind zwei sehr verschiedene Begriffe, so nahe es auch liegt, beide miteinander zu verwechseln[7]." Warum Zenon die beiden so verschiedenen Begriffe verwechselte, brauchen wir hier nicht zu wiederholen: Als einseitiger „Monist" im Sinne der parmenideischen Seinslehre konnte er den Unterschied gar nicht sehen.
Gelöst wäre also das Problem, soweit es die wirkliche Bewegung betrifft. Es gibt in der Tat eine Bewegung – nicht nur weil wir sie durch Augenschein wahrnehmen, sondern auch weil Zenons „Beweis" gegen sie einen Fehler enthält. Der gesunde Menschenverstand kann also getrost annehmen, daß sich auch vom logischen Standpunkt nichts dagegen einwenden läßt, wenn Achill die Schildkröte „in Wirklichkeit" doch einholt.

Nun wird aber der gesunde Menschenverstand Zenon zugeben müssen, daß sein Satz noch eine andere Frage berührt. Wie wir uns nämlich eine Reihe mit unendlicher Gliederzahl gar nicht vorstellen können, weil wir sie uns niemals bis zum letzten Gliede geführt denken können, so gewinnen wir auch in der Mathematik die Summe der unendlich fallenden Reihe – also etwa die Summe: ein Meter – nur, indem wir durch einen Sprung die Glieder bis auf eine Größe gebracht haben, die mit Null zusammenfällt. „Jener mathematische Beweis lehrt uns also im Grunde auch nur, daß wir zu dem letzten Gliede, das gleich Null ist, in diesem Falle zu dem Punkte, wo die beiden sich bewegenden Dinge zusammentreffen, nur durch einen Sprung im Denken gelangen können. Die Schwierigkeit, das Erreichen jenes Punktes zu begreifen, bleibt[8]." Wir müssen dem Mathematiker recht geben, der bei der Behandlung von „potentiellem" und „aktualem" Unendlich sagt[9], der Begriff der unendlichen Menge von Strecken, deren Größe beständig abnimmt und die alle in der endlich gedachten Strecke enthalten sind – dieser Begriff sei in Zenons Beispiel „bis zu einem gewissen Grade sogar anschaulich, jedenfalls durchaus faßbar und logisch einwandfrei".

Hier scheint eine Grenze des gesunden Menschenverstandes zu liegen, die der „gewaltige dialektische Athlet" mit sicherem Blick erkannt hat. Das Unendliche, die Null – das sind Probleme, an denen wir heute nicht weniger scheitern als die Menschen, die durch Zenon zuerst auf diese Bedenklichkeiten gestoßen wurden. Gewiß, man könnte das unendlich oder verschwindend Kleine am Reihenende auch vernachlässigen. Aber dieses Verfahren wäre keine Lösung, sondern eine Arbeitshypothese, die Verschleierung einer Verlegenheit – nicht mehr. Praktisch ohne Bedeutung, hinterläßt es dennoch einen geheimen Stachel im wohlgeordneten Gebäude des gesunden Menschenverstandes. Er ist nur gewaltsam zu entfernen, indem die Fragen als „inopportun" beiseite geschoben werden.

Also doch Bankerott des gesunden Menschenverstandes, triumphiert Zenon. Gewiß nicht, aber es gibt Dinge zwischen Himmel und Erde, bei denen auch der gesunde Menschenverstand an eine Grenze stößt. Damit müssen wir uns zufriedengeben. Auf jeden Fall sind wir dir dankbar, eleatischer Palamedes, daß du uns darauf hingewiesen hast – selbst wenn es nicht deine Absicht gewesen sein sollte und wir nur aus intellektueller Redlichkeit keine Ruhe gegeben haben.

Der fliegende Pfeil ruht

Der „Achill" verbirgt eine ernsthafte Schwierigkeit. Zum Glück läßt sich dasselbe nicht vom „fliegenden Pfeil" sagen, obwohl auch er allzu Bedenklichen viel Kopfschmerzen bereitet hat. Er ist wiederum gegen die Möglichkeit der Bewegung gerichtet und lautet[1]:

„Ein fliegender Pfeil ruht. Denn er nimmt immer einen ihm gleichen Raum ein; er ist also in jedem Augenblick in einem ihm gleichen Raum. Dann aber ruht er in jedem Augenblick; folglich ruht er immer."

Noch bestechender läßt sich der „Beweis" in Form einer Frage bringen:

„Bewegt sich ein Ding in dem Raume, in dem es ist, oder in jenem, in dem es nicht ist[2]?"

In dem es nicht ist, kann es sich nicht bewegen; in dem es ist, kann es sich aber auch nicht bewegen, denn in einem Raum sein, heißt: einen Raum einnehmen, der dem Körpervolumen entspricht – also ruhen. Demnach kann sich das Ding überhaupt nicht bewegen.

Hier ist Zenon zweifellos ein Opfer seiner Voreingenommenheit für die Seinslehre geworden, und keine „Rettung", wie sie im Laufe der Geschichte immer wieder beliebt war, kann ihn davon freisprechen. Schon Aristoteles, der wandelnde gesunde Menschenverstand unter den alten Denkern, hat gegen den „Beweis" eingewandt, er beruhe „auf der Annahme, daß die Zeit aus lauter einzelnen Momenten besteht". Wenn man diese Annahme bestreite, verliere der Schluß seine Bündigkeit. In ähnlichem Sinn hat sich Herbart geäußert[3]: das Bewegte habe keine Geschwindigkeit, „sofern es an irgendeinem Orte ist, sondern [nur] , sofern man das Sein an diesem Orte sogleich wieder aufgehoben denkt;

dergestalt, daß man nicht erst setze und dann aufhebe, sondern beides unmittelbar verbinde". Und Nietzsche wies darauf hin[4], daß Zenon Bewegungsbahn und Bewegung verwechselt habe, das heißt mit anderen Worten: die gedachte Vorstellung von der Bewegung mit dieser selbst.
In der Tat liegt hier der Schlüssel verborgen. Bewegung ist etwas in sich Geschlossenes und Zusammenhängendes. Als bedingungsloser „Monist" des Seins konnte sich Zenon aber Bewegung nur denken, wenn er eine unendliche Reihe unzusammenhängender, diskreter Punkte zusammenzählte. Damit wurde er aber ihrem Wesen in keiner Weise gerecht; er handelte ungefähr so, wie wenn wir die zahllosen Einzelbilder eines Filmstreifens, deren Zusammenhang eine Bewegung vortäuscht, für die wirkliche Bewegung halten würden. Natürlich ist es aber unmöglich, „das Kontinuierliche ... aus seinem Gegenteil, das es ja gerade wesensgesetzlich ausschließt, zusammenzusetzen. Die Zeit bleibt an keinem einzigen Punkte stehen, sondern ihr kontinuierlicher Fluß läuft durch jeden Punkt hindurch; das eben ist ihr spezifisches Wesen. Aus einer unendlichen Kette von Ruhepunkten dagegen läßt sie sich niemals zusammensetzen, und es kann Zeit und Bewegung dann nicht gelten, wenn man zuvor – widerrechtlich – Ruhendes für das allein Seiende ausgegeben hat[5]."
Insofern beweist der „Ruhende Pfeil" allerdings nicht viel mehr als den Standpunkt seines Urhebers auf der parmenideischen Seinslehre. Während die Logik noch voll Unschuld ihre ersten Gehversuche unternimmt, begegnet sie bereits ihrem ärgsten Feinde: dem Vorurteil. Nur wenn sie ihn überwindet, vermag sie zu der hohen Kunst heranzuwachsen, einwandfreie Urteile zu fällen.
Wäre es nicht besser, Hamiltons Paradoxon umzukehren und zu sagen: Zenons Sätze sind zwar in sich richtig, aber dennoch widerlegbar, wenn man von ihrer Voraussetzung ausgeht und diese als Vorurteil versteht?

Die halbe Zeit ist der doppelten gleich

Zuweilen schläft auch der subtilste Dialektiker. Mit dem „Achill" hatte er seine große Stunde, die ihn mit Recht unsterblich gemacht hat. Das „Stadion" hingegen mutet wie einer von den taschenspielerischen Tricks an, welche die Sophisten später gern benutzten, um ihre Hörer in Verwirrung zu setzen.
Es ging dem kühnen Dialektiker um den Nachweis[1], daß „die halbe Zeit gleich der doppelten" sei – daß es mithin wiederum ein hoffnungsloses Unterfangen bedeute, sich auf seine fünf Sinne zu verlassen. Zu diesem Zwecke dachte er sich *eine Rennbahn, in deren Längsrichtung drei gleichlange Reihen von je vier Kugeln parallel liegen, und zwar so, daß sich die Reihe AAAA in Ruhe, die Reihen BBBB und CCCC in entgegengesetzter Richtung in gleich schneller Bewegung befinden.*

```
            A1 A2 A3 A4
D   B4 B3 B2 B1———→              E
          ←———C1 C2 C3 C4
```

B1 und C1 treffen gleichzeitig an den Endpunkten E und D ein. Die Gruppe C ist bei diesem Weg natürlich an allen Körpern der Gruppe B, aber nur an der Hälfte der Gruppe A vorbeigeeilt, folglich hat Gruppe C zum Vorbeieilen an Gruppe B die doppelte Zeit gebraucht als für Gruppe A – folglich, schließt Zenon, *ist die doppelte Zeit gleich der halben!*
Der Schüler des Parmenides hat also die Beziehungen zwischen den Gruppen außer acht gelassen oder, wenn man es anders ausdrücken will, die absolute Zeit zum Durchmessen des ganzen Stadions mit der relativen Zeit zum Vorbeikommen an der Gruppe B gleichgesetzt. Dieses Verfahren entspricht durchaus seiner Gleichgültigkeit gegenüber relativer und absoluter Zuverlässigkeit der Sinne, die wir beim „Hirsekorn" feststellen konnten. Zenon hatte eben keinen Sinn für die Bedingtheiten, da er nur das Eine als wirklich und gültig anerkennen konnte.
Gerade das „Stadion" zeigt, daß auch der gesunde Menschenverstand seinen Weg hat gehen müssen, ehe er derartige Kunst-

griffe als trügerisch erweisen konnte. Noch Aristoteles hat redliche Mühe, uns den Trugschluß klarzumachen, und für viele Zeitgenossen Zenons ist es gewiß schlechthin unmöglich gewesen, die Täuschung einzusehen. Wir sind heute von Jugend auf zu sehr an begriffliches Denken gewöhnt, als daß uns die Zweideutigkeit der Sprache, daß die „doppelte Zeit gleich der halben“ sei, ernsthafte Schwierigkeiten bereiten könnte. Zenon, beinahe noch magisch in den Banden des sprachlichen Ausdrucks befangen, sah aber gerade darin ein unüberwindliches Hindernis für das Denken.

Dennoch wird niemand ohne Achtung Zenons Bedenklichkeiten betrachten können. Was für eine ungewöhnliche geistige Kraft gehörte dazu, in einer Zeit, die im allgemeinen bedingungslos an die Wahrheit der Sinne glaubte, das Zeugnis der Sinne bedingungslos zu leugnen! Freilich ist eine eigentümlich starrsinnige Kraft am Werke, eine Dialektik, die früher oder später dazu führen mußte, daß sich das Denken festfuhr. Bei den Sophisten werden wir die schönsten Beispiele für diese hoffnungslose Verfahrenheit antreffen.

Ist es mehr tragisch oder mehr komisch, wenn ein Mensch meint, er habe Indien entdeckt, und er hat tatsächlich Amerika gefunden? Dem Eleaten ist es nicht anders gegangen als dem Genuesen: Er glaubte, er habe die Lehre seines Meisters geradezu unwiderleglich gemacht, und er hat tatsächlich die kritische Wissenschaft befruchtet, indem er auf Probleme hingewiesen hat wie das Unendliche, die Null, die Bewegung, die Zeit, die Relativität, die Grenze der Sinneswahrnehmungen, die Zweideutigkeit des Wortes und anderes. Freilich hat er diese Entdeckungen unfreiwillig gemacht – so unfreiwillig wie Columbus einen neuen Kontinent entdeckte. Die Bildsäulen des Ruhmes werden in der Geschichte nicht immer nach dem Maße himmlischer Gerechtigkeit errichtet. Zenon verdient die seine für die fruchtbare Macht des Irrtums, welche seine Trugschlüsse auszeichnet. Denn auch hier ist ein Teil jener Kraft wirksam, die nach ihrer eigentümlichen Anlage stets einen Irrtum hervorbringt und stets ein neues Gutes damit schafft.

„Halb Professor und halb Journalist“

Die dialektische Kunst der parmenideischen Schule hat sich mit Windeseile in Griechenland verbreitet und besonders bei den Athenern erhöhte Aufmerksamkeit erregt. Zuerst hatte sie „eine laute, durch ganz Griechenland schallende Lachsalve entfesselt“[1], worauf ein genialer Dialektiker zeigte, daß der gesunde Menschenverstand zu nicht minder lächerlichen Konsequenzen führen müsse. Aber gerade darum waren die zenonischen Denkverlegenheiten ein Stein des Anstoßes und Ärgernisses, und wenn man ihn schon nicht aus dem Wege räumen konnte, dann versuchte man wenigstens, ihn zu gebrauchen, so gut es ging.

Die Nutznießer der zenonischen Methode waren in erster Linie die Sophisten. „Halb Professor und halb Journalist“ – so hat man diese allerweltsweisen, gewinnsüchtigen Menschenjäger, diese Großhändler mit Wissensware, diese Krämer mit eigenen und fremden Gütern und diese ewig streitsüchtigen Kampfhähne dem modernen Verständnis näherzubringen gesucht[2]. Nach Platons Meinung, dem wir diesen Auszug freundlicher Bosheiten entnehmen[3], ist man dabei noch zu milde verfahren. Doch ist Platon nie ohne Vorurteil, wenn er auf sie zu sprechen kommt; auch konnte er ohne den nötigen historischen Abstand ihre Verdienste nicht unbefangen würdigen. Gewiß ist jedenfalls, daß sie dem Zenon an subtiler Dialektik nachstanden; gewiß ist auch, daß sich der ursprünglich völlig unbelastete Name „Sophist“ im Laufe der Zeit auf die geringeren Exemplare der Gattung beschränkte und dadurch verdächtig wurde. Wo wir dann dem Ausdruck „Sophisma“, sophistischer Schluß oder Fangschluß, begegnen, hat er einen verächtlichen Nebenton, der sich durch die Geschichte bis heute erhalten hat[4].

Aber geht es immer an, eine geistige Bewegung, die doch obendrein der „agonalen“ Haltung des griechischen Volkes sehr entsprochen zu haben scheint, am Urteil ihrer Gegner zu messen? Es wäre dasselbe, wie wenn wir etwa die Zweite Schlesische Dichterschule nur aus der Darstellung ihrer nüchternen oder platten Gegner kennten und danach beurteilen wollten. Und ferner: Wo die Sophisten sich mehr anmaßten, als in ihrer Macht lag, da ist ihr Größenwahn schon im Altertum gehörig gebrandmarkt worden. Euthydemos, diese köstliche Figur einer ungeschriebenen Komödie, sagt in dem nach ihm benannten platonischen Dialog zu Sokrates: „Menschliche Tüchtigkeit anderen zu vermitteln, dazu, Sokrates, sind wir nach unserer Meinung imstande, und zwar besser und schneller als sonst irgend jemand[5]." Wir werden noch sehen, was er darunter verstand und wie Sokrates mit ihm umsprang.

Aber sind wir verpflichtet, auch dort den Bakel zu schwingen und sokratischer als Sokrates zu sein, wo die Sophisten selbst gar nicht ernst genommen werden wollten? Wir hören, daß die Zuhörer der beiden Klopffechter Euthydem und Dionysodoros lachten und klatschten, als ob sie verrückt geworden wären, und daß es so aussah, als dröhnten sogar die Säulen im Lykeion vor Vergnügen Beifall[6]. Und wir sollten nach mehr als zweitausend Jahren ernst bleiben?

Doch da kommt der Logiker, der schon auf Zenon nicht gut zu sprechen war, und weist den Sophisten und den Megarikern und den Stoikern ihre „überall hervorblickende Geistlosigkeit" nach[7]. Leider übersieht er, daß es sich gar nicht in erster Linie um Logik handelt, sondern um Rhetorik, und daß diese anderen Gesetzen gehorcht als jene. Was würden wir sagen, wenn jemand unsere Witze und Anekdoten nach zwei Jahrtausenden in einer Literaturgeschichte behandeln und mit strenger Miene feststellen würde, das sei eigentlich gar keine rechte Literatur?

Das Lob der Helena

Eristiker, ewig streitsüchtige Kampfhähne – das waren die Sophisten mit wahrem Genie. Sie stritten und redeten über alles Erdenkliche. Dabei kam es ihnen kaum darauf an, einer bestimmten Sache zu dienen oder gar Ideen durchzusetzen, sondern allein darauf, recht zu behalten. In der Kunst der Rechthaberei waren sie die unübertrefflichen Meister – nicht zuletzt deshalb, weil sie gelehrige Schüler der zenonischen Methoden waren.

Da ist etwa jenes Prachtstück der Sophisterei, das – vielleicht zu Unrecht – dem Gorgias von Leontinoi, dem heutigen Lentini, zugeschrieben wird. Gorgias stammte aus Sizilien, wo die Leute noch immer einer öffentlichen Rede, einem schnell erdachten Mimus mit Vergnügen lauschen. Wir wollen seine Prunkrede nicht herabsetzen, wenn wir sie mit dem anspruchslosen Volkslied in einer italienischen Osteria vergleichen. Aber am Ende ist es hier wie dort der Vortrag, der des Redners Glück macht, und das Glück war dem Redner um so näher, je widersinniger der Inhalt seiner Rede war. Denn gerade indem er das Ungereimte gereimt erscheinen ließ, erwies er sich als Meister der Rede- oder, besser: der Vortragskunst.

Gorgias oder Pseudo-Gorgias hatte sich zum Thema gesetzt, die Helena zu loben. Um diese schöne, aber wenig sittenstrenge Frau war der Trojanische Krieg entbrannt, da sie ihren Gatten verlassen hatte und dem Paris nach Troja gefolgt war. Der gesunde Menschenverstand tadelte sie ob dieses Verhaltens – folglich lobte sie der sophistische Menschenverstand, indem er den Tadel als unverdient nachwies[1].

Denn „was sie getan hat, hat sie getan: entweder 1. nach göttlicher Schicksalsfügung oder 2. unter dem Zwange der Gewalt oder 3. unter dem Einfluß der Überredung oder endlich 4. aus Liebe. Wenn nun das erste, so verdient niemand Tadel dafür, daß er das Unmögliche unterlassen hat; denn dem göttlichen Ratschluß zu widerstehen, ist für Menschen unmöglich. Wenn aber das zweite, so verdient der Vergewaltiger Tadel, die Vergewaltigte dagegen nicht Tadel, sondern Mitleid. Wenn das dritte, so ist zu bedenken, daß die Rede ebenso unwiderstehlich wirkt wie das Gift und daß daher, wer der Überredung erliegt, so wenig mit Recht getadelt werden kann wie ein Vergifteter. Wenn endlich das vierte, so ist die Liebe entweder ein Gott oder eine Krankheit; wer aber einem Gott keinen Widerstand leisten kann, verdient ebensowenig Tadel wie wer einer Krankheit erliegt. ‚Ob sie also aus Liebe oder durch Worte überredet oder durch Gewalt geraubt oder durch göttlichen Zwang überwältigt tat, was sie tat, in jedem Falle entgeht sie der Schuld.‘ So steht nun die Rede da, ‚der Helena ein Lob, mir aber ein Spiel‘.“

Wenn Gorgias jemals diese vier Runden gegen den gesunden Men-

schenverstand auf dem Marktplatz von Athen vorgeführt haben sollte, so dürfte das Gelächter bis zur Akropolis hinauf geschallt haben. Denn auch wer kein Rechtskundiger ist, dem wird doch der logische Widersinn so leicht nicht entgehen. Wenn man einmal von der Tatsache absieht, daß sich mit diesen Argumenten nicht nur jeder Ehebruch, sondern überhaupt jedes mögliche Verbrechen verteidigen läßt, so bleibt noch immer zu bedenken, daß der Herr Verteidiger eigentlich gar nicht zur Sache geredet hat. Er hat nämlich nicht von Helenas Ehebruch gesprochen und ihren besonderen Fall untersucht, der ja vielleicht mildernde Umstände zugelassen hätte, sondern er hat sich über den Ehebruch ganz allgemein ausgelassen und seine höchst persönliche Meinung darüber ohne weiteres auf Helena angewandt.
Aber noch mehr – und da kommen wir an den wesentlichen Punkt. Gorgias setzt kühnlich die Unfreiheit des menschlichen Willens voraus. Er läßt ihn sich nicht entscheiden, wie es ihn kraft seiner sittlichen Verantwortung richtig dünkt, sondern wie er – Gorgias – es für seine Glanznummer gerade braucht. Man sieht hier deutlich die Fäden, die zur parmenideischen Seinslehre hinüberlaufen. Denn wenn alles ist, was es ist, oder wie wir uns auf diesem subtilen Gebiete lieber mit der nötigen logischen Genauigkeit ausdrücken wollen: wenn nur identische Urteile möglich sind, dann freilich hat Helenas Verteidiger recht. Dann ist Helenas Verhalten untadelig – so untadelig wie jeder andere Ehebruch, der vor oder nach dem Trojanischen Krieg stattfand.

Nicht-Geld ist doch Geld

Das „Lob der Helena“ ist nicht das einzige Kunststück des Gorgias. In einer weit verwickelteren Rede, deren Aufbau einem klug ausgedachten Labyrinth gleicht, wies er nach[1], daß Palamedes, der Verräter der Griechen vor Troja, den Verrat gar nicht begangen haben könne. Wiederum ist es ihm natürlich nicht ernsthaft um die Sache zu tun, sondern um den Nachweis, daß ein rechter

Sophist „die schlechtere Rede zur besseren machen" kann, wie der Modeausdruck lautete[2].
Wenn auch der „Palamedes" dem Gorgias vielleicht nur zugeschrieben wird, so stammt sicher die unter seinem Namen überlieferte Schrift „Das Nicht-Sein" von ihm[3]. Hier steht seine Sophisterei insofern auf der Höhe ihrer Möglichkeiten, als der gesunde Menschenverstand nicht von vornherein seine ethischen Bedenken anmelden kann wie in den beiden anderen Fällen, sondern als sie sich allein im Gestrüpp des Logischen oder Paralogischen bewegt – und in ihren eigenen Schlingen fängt.
Drei Sätze sucht Gorgias zu beweisen: Ein Seiendes existiert nicht oder, bündiger: Es existiert überhaupt nichts. Selbst wenn aber etwas existierte, so wäre es für uns nicht erkennbar; und wäre es auch erkennbar, so doch bestimmt nicht mitteilbar.
Man könnte auf den Einfall kommen, den Gorgias zu fragen, warum er dann überhaupt so viele Worte mache. Man würde aber verkennen, daß auch in dieser „philosophischen" Rede des Gorgias der Rhetor mit dem Philosophen durchgeht. Es handelt sich hier eben gar nicht in erster Linie um Erkenntnis von Wahrheit, sondern um die Macht der Rhetorik, und man kann höchstens bedauern, daß sich der Rhetor im Gegenstand vergriffen hat.
Hören wir wenigstens die beiden Beweise für seinen ersten Satz an[4]: „Es wird das geringfügige und scheinbar harmlose Sätzchen aufgestellt: ‚*Nicht-Sein ist Nicht-Sein.*' Daraus werden die weitreichendsten Schlüsse abgeleitet. *Wenn das Nicht-Sein* – so wird gefolgert – *auch nur Nicht-Sein ist, so ist es doch etwas, also* ist *es, und Existenz darf ihm zuerkannt werden. Damit sei der Unterschied zwischen Sein und Nicht-Sein aufgehoben; das Sein verliere seinen Vorzug vor dem Nicht-Sein. Und ferner: wenn das Nicht-Sein (wie soeben dargetan ward) ist oder existiert, so folge daraus, daß das Sein als dessen Gegenteil nicht ist oder nicht existiert. So wird uns nur die folgende Wahl gelassen: Entweder der Unterschied zwischen Sein und Nicht-Sein gilt als aufgehoben (wie der erste Teil des Argumentes es verlangte); dann existiert nichts; denn das Nicht-Seiende existiert nicht und darum auch nicht das mit ihm als gleichwertig erwiesene Seiende. Oder der Unterschied gilt nicht als aufgehoben; dann existiert (wie der zweite Teil des Argumentes es erheischte) das Sein wieder nicht,*

eben um seines Gegensatzes willen zu dem mit Existenz ausgestatteten Nicht-Sein.“

Alle Sophistenbeweise laufen auf Bluff hinaus. Sie bluffen mit Begriffen, mit grammatikalischen Zweideutigkeiten, mit unscharfem Denken. Der Hörer soll nicht überzeugt, sondern überredet oder – wenn es nicht anders geht – überwältigt werden. Gorgias blufft zunächst mit dem Begriff „Sein“. Es ist ein großes und durch die philosophische Überlieferung geheiligtes Wort, also kann es der nötigen Ehrfurcht von vornherein sicher sein. Aber auch große Worte lassen sich sinnvoll und sinnlos gebrauchen. Wie sinnlos Gorgias das Wort hier anwendet, wird sofort deutlich, wenn wir es durch ein anderes ersetzen, das zwar gemeinhin auch hohe Ehrfurcht erweckt, aber doch in einem anderen Sinne als der Begriff „Sein“: das Wort „Geld“.

Also: *Nicht-Geld ist Nicht-Geld. Wenn aber Nicht-Geld auch nur Nicht-Geld ist, so ist es doch etwas, also* ist *es, und Existenz darf ihm zuerkannt werden.*

Damit ist der Unterschied zwischen Geld und Nicht-Geld aufgehoben; das Geld verliert seinen Vorzug vor dem Nicht-Geld.

Wenn aber das Nicht-Geld existiert (siehe oben!), so folgt daraus, daß das Geld als sein Gegenteil nicht existiert. Also bleibt nur folgende Wahl: Entweder der Unterschied zwischen Geld und Nicht-Geld gilt als aufgehoben; dann existiert nichts; denn das Nicht-Geld existiert nicht und darum auch nicht das mit ihm als gleichwertig erwiesene Geld (man kann auch sagen: das Geltende und das Nicht-Geltende, um Gorgias buchstäblich genau zu folgen). Oder der Unterschied gilt nicht als aufgehoben; dann existiert – laut dem zweiten Teil des Beweises – das Geld wiederum nicht, eben wegen seines Gegensatzes zu dem mit Existenz ausgestatteten Nicht-Geld.

Doch sind wir nicht unversehens selbst Sophisten geworden? Haben wir nicht ein erhabenes Abstraktum dadurch entweiht, daß wir ein alltägliches Konkretum an seine Stelle setzten? Haben wir Gorgias wirklich mit seinen eigenen Waffen geschlagen oder auch nur geblufft?

Der Einwand bestünde zu Recht, wenn die Logik hinsichtlich abstrakter und konkreter Dinge einen grundsätzlichen Unterschied machte. Das aber tut sie nicht; sie beansprucht auf beiden Gebie-

ten Gültigkeit. Gorgias ist auf diese Weise tatsächlich noch nicht widerlegt; nur ist die Sinnlosigkeit und Leerheit seines Beweises handgreiflich verdeutlicht worden.
Die Widerlegung muß tiefer greifen. Gorgias behauptet, Nicht-Sein sei Nicht-Sein (oder Nicht-Geld Nicht-Geld, was für die formale Seite des Beweises völlig gleichgültig ist). Er fällt damit scheinbar ein identisches Urteil – ähnlich dem Satze vom Sein, den Parmenides aufgestellt und Zenon verteidigt hatte. In Wahrheit aber handelt es sich um gar kein Urteil, sondern um „keine selbstverständliche, ja keine verständliche Aussage; der Subjektsbegriff wird hier einfach als Prädikatsbegriff wiederholt, während das Urteil oder der Satz die Aufgabe hat, zwei Begriffe oder Satzglieder (Subjekt und Prädikat) miteinander zu verbinden und uns dadurch über tatsächlich bestehende Verknüpfungen zu unterrichten"[5]. Wenn dem aber so ist, dann hat Gorgias seinen Beweis auf eine sinnlose Redensart aufgebaut – und wie ein Kartenhaus fällt sein glänzendes Gebäude zusammen.
Nicht-Sein ist Nicht-Sein, heißt es bei Gorgias im umgekehrten Sinne wie bei Parmenides, also *ist* Nicht-Sein. Das eine Mal entspricht die Kopula „ist" einem Gleichheitszeichen in der Mathematik: 5 = 5. Das andere Mal aber hat „ist" den Sinn von „existiert". Dieser Sinn hat jedoch nicht mit jenem „ist gleich" der Mathematik zu tun. Es wäre so, wie wenn wir aus der Tatsache, daß die Zahl 5 sich selbst gleich ist, auf ihre Existenz schließen wollten.
Was aber zwänge uns endlich, aus der Existenz des Nicht-Seins die Nicht-Existenz des Seins zu folgern? Weil es Nicht-Menschen – etwa Pferde – gibt, sollen wir auf eine Nicht-Existenz des Menschen schließen? Zu solcher Selbstverleugnung ist der gesunde Menschenverstand jedoch nicht bereit.
Die weiteren Thesen des Gorgias – etwa möglicherweise doch Existierendes sei nicht erkennbar, und wenn erkennbar, so doch nicht mitteilbar – sind nicht weniger fadenscheinig. Sie sind das Ergebnis einer autarken Rhetorik.

Ist Krankheit ein Gut?

Sokrates gibt einmal seiner Verwunderung Ausdruck[1], daß Protagoras, zweifellos der gründlichste unter den Sophisten, nicht das Schwein oder den Affen oder ein noch unpassenderes Wesen, das mit Sinneswahrnehmung begabt ist, das „Maß aller Dinge" genannt habe. Diese Bosheit bezieht sich auf den berühmten Satz des Protagoras[2]: „Das Maß aller Dinge ist der Mensch, sowohl der seienden, daß sie sind, wie auch der nichtseienden, daß sie nicht sind."

Die Worte haben seither viel Staub aufgewirbelt; doch verhält es sich nicht etwa so, daß sie nur als Zankapfel gedacht sind, der in die Erörterung geworfen wurde, um die Geister zum Sieden zu bringen. Sie stellen vielmehr einen wesentlichen Bestandteil der „Erkenntnistheorie" des Protagoras dar, wenn es erlaubt ist, einen späteren Begriff auf ein früheres Ereignis anzuwenden.

Aber wie ist der Satz gemeint? Platon, der Gegner, deutete ihn als die Grundlage jenes Individualismus, den er bekämpfte. Ob er damit den Protagoras selbst wirklich traf, dem er persönlich nichts Unrechtes nachsagen konnte, muß zweifelhaft bleiben. Vielleicht traf er nur die Schüler, jene Schar von Kampfhähnen, die in dem Satze des Protagoras einen willkommenen Stützpunkt für die Geschwader ihrer Fangschlüsse fanden.

Wie dem auch sei – genügend Verwirrung haben diese und verwandte Worte des Protagoras angerichtet. Der Boden begann unter den Füßen zu wanken, wenn es hieß, die Wahrheit gehöre zu den relativen Dingen, wenn alles, was ein Mensch sich vorstelle oder meine, in Hinsicht auf ihn – und zwar allein in Hinsicht auf ihn – wahr sei. Freilich hatte die Sache auch ihre Lichtseite. Wenn Protagoras nämlich behauptete, das Gute und Gesunde sei das „Wahre"[3], so klingt das recht wenig sophistisch – oder Goethe war der größte Sophist, da er das Fruchtbare allein für wahr hielt.

Indessen ist auch Protagoras nicht über seinen Schatten gesprungen. Es wird uns berichtet[4], er habe Wettkämpfe im Disputieren veranstaltet und seinen Schülern die Anwendung von Sophismen beigebracht; er habe die „Streitkunst" begründet und der

Satiriker Timon habe von ihm gesagt: „Protagoras, mitten im Kampfgetümmel, der wohl zu streiten versteht.“ Man mag ihn sich vorstellen, wie er, umgeben von einer Schar von Jüngern, die Pilatus-Frage stellte und die „Wahrheit“ oder, richtiger: die Möglichkeit der objektiven Erkenntnis außersinnlicher Dinge argwöhnisch betrachtete. Und wenn er das tat – was tat er dann Geringeres als der Kritiker Kant?

Zu diesem Zwecke – und nicht aus bloßer Niedertracht gegen die Idealisten – hatte er sich ein Verfahren ausgedacht, das sein besonderes Steckenpferd gewesen zu sein scheint. Er behauptete nämlich[5], man könne dieselbe Person loben oder tadeln, oder es gebe zu jeder Sache zwei Gesichtspunkte, die einander gegenüberstünden, oder man könne über jede Sache nach beiden Seiten disputieren. Freilich war er witzig genug, den Zusatz zu machen, auch darüber könne man nach beiden Seiten disputieren, ob sich über jede Sache nach beiden Seiten disputieren lasse. Man spürt noch nach zweieinhalb Jahrtausenden, welche Lust es gewesen sein muß, einem solchen Turnier beizuwohnen. Es war Sport, Denksport, Gedankenathletik, und es verstieß gewiß gegen die Spielregeln, wenn man plötzlich „Ernst machte“ und den Gegner anrempelte.

Nicht von Protagoras selbst, aber sicher aus seiner Schule oder nach seinem Vorbild ist uns ein langes und breites Beispiel einer solchen „Doppelrede“ erhalten. Sie bot Gelegenheit zu den widersinnigsten Sophismen, wenn sie auch in ihrer zu Schau getragenen Humorlosigkeit eher einem Schulaufsatz als einem Tummelplatz übermütiger Gedankenrosse gleicht. Da heißt es etwa[6]: „*Eine doppelte Rede reden in Hellas die Weisheitsstrebenden über das Gute und das Üble. Denn die einen sagen, eines sei das Gute, ein anderes das Üble, die andern aber, beides sei dasselbe, für die einen sei es einmal ein Gut, ein andermal ein Übel.*“ Nun wird gezeigt, *wie Essen, Trinken und Liebesgenuß für den Kranken ein Übel, für den Gesunden ein Gut sind, wie die Verschwendung dem Verschwender schadet und dem Händler nützt, wie der Sieg für den Sieger angenehm und für den Besiegten ein Übel ist usw.*

Dann wird das Verfahren umgekehrt: Die Idealisten haben recht. „*Es dünkt mich nämlich, es wäre gar nicht erkennbar, was ein*

Gut und was ein Übel sei, wenn beide dasselbe wären und nicht jedes ein anderes. Und das wäre doch erstaunlich", setzt der Adept der hohen „Streitkunst" naiv hinzu. Man frage doch den Gegner einfach, *„ob ihm seine Eltern viel große Wohltaten erwiesen hätten. Bejahe er die Frage und halte dabei doch an der Identität von Gut und Übel fest, so müßte er auch behaupten, sie hätten ihm viel große Übel zugefügt." Alsdann kommen wieder Essen, Trinken und Liebesgenuß an die Reihe; wäre gut und böse dasselbe, so wäre der Genuß für den Kranken ja zugleich auch ein Gut. Unter dieser Voraussetzung wäre auch die Krankheit für den Kranken zugleich ein Gut und ein Übel.* Und so fort bis ins Bodenlose.
„Gründe sind billig wie Brombeeren." Man muß nur genügend in Bereitschaft haben, um den Gegner zu erledigen, der freilich auch einen Korb voll hat. Es fragt sich am Ende, wer länger durchsteht – diese Fähigkeit allein entscheidet in dem grotesken Doppellauf.
Man konnte gegen das Verfahren leicht Einwände machen. Etwa derart, wie Demokrit es gegenüber Protagoras getan haben soll[7]: „Wenn jede Meinung wahr wäre, so müßte auch die Meinung, nicht jede Meinung sei wahr, wahr sein"; damit aber wird der Satz, daß jede Meinung wahr sei, falsch. Auch Aristoteles hat sich an den Einwänden beteiligt, indem er mit Recht darauf hinwies[8], daß durch das Verfahren des Protagoras der logisch unumgängliche Satz vom Widerspruch aufgehoben wird. Denn „wenn sämtliche kontradiktorisch entgegengesetzten Aussagen von ein und derselben Sache wahr sind, dann ist es klar, daß alle Dinge ein und dasselbe sind. (Man sieht, wie sich auf dem Fundament des Parmenides der Turm der ‚Doppelreden' und der späteren sophistischen Fangschlüsse erhebt!) Denn dann ist ein Kriegsschiff, eine Mauer und ein Mensch ein und dasselbe, wenn es zulässig ist, von jeder Sache etwas zu behaupten oder zu leugnen." Oder man könnte besonders unangenehm werden und auf die Sache eingehen, um ihren Widersinn ans Licht zu stellen[9]: „Ist der Satz ‚Wahr und falsch sind identisch' falsch, dann sind wahr und falsch nicht identisch; ist er aber wahr, dann ist er seinem eigenen Inhalte nach auch falsch, und dann sind sie wiederum nicht identisch."

Indessen haben auch die subtilsten Einwände die Sophisten nicht daran gehindert, fleißig weiter Nüsse herzustellen und sie hernach unter dem Beifall ihrer Zuhörer für unknackbar zu erklären.

Der unmoralische Dramatiker

In einer Gesellschaft, die antilogische Reden, Trug- und Fangschlüsse zu den beliebtesten Unterhaltungsspielen rechnete, trieben das Bonmot und der Kalauer üppige Blüten.
Um Bonmots sind witzige Köpfe wie die Griechen nie verlegen gewesen. Jetzt hatten sie überdies den Vorteil einer ausgebildeten Technik, und sie lernten, das scheinbar Widersinnige für ihre jeweiligen Zwecke auszunützen. Besonders die Rhetoren auf ihrer unermüdlichen Jagd nach Wirkung vor Zuhörern, die leichter zur Ironie als zum Beifall neigten, mußten bedacht sein, die gute Gelegenheit wahrzunehmen. Sie schöpften aus dem tiefen Born der Paralogik und erzielten damit Wirkungen, die sie oft tiefsinniger erscheinen lassen, als sie in Wahrheit gewesen sind.
So zog etwa einer, um die Bedingtheit der sittlichen Begriffe zu erweisen, einen witzigen Vergleich[1]:
„*Würde alles irgendwo als schimpflich Geltende auf einen Haufen zusammengetragen und alles irgendwo als löblich Geltende von diesem Haufen weggenommen, so bliebe nichts übrig.*"
Oder Gorgias, der Verteidiger der Helena, meinte über die Tragödie[2], sie sei „*eine Täuschung, bei der, wer täuscht, mehr recht tut, als wer nicht täuscht, und der Getäuschte weiser ist als der nicht Getäuschte*".
Der Witz beruht, wie jeder sieht, auf der widersinnigen Behauptung, der Täuschende, das heißt also der sittlich Minderwertige, tue recht. Wenn wir von der eleganten Anwendung auf die Tragödie absehen und den Satz einmal in die übliche Sophisten-Schulfuchserei zurückübersetzen, so würde er lauten: „*Es gibt über alle Dinge zwei Reden, also auch über Recht und Unrecht. Recht tut beispielsweise, wer nicht täuscht; aber auch wer täuscht, tut recht. Denn der Tragödiendichter täuscht seine Zuhörer, indem*

er ihnen nicht wirkliche, sondern scheinbare Leiden vorführt" usw. Man sieht an diesem Beispiel zweierlei. Die Sophisten bildeten die Technik der Antilogien, der Trug- und Fangschlüsse nicht nur zum Vergnügen aus oder um ihre Gegner in neckischem Spiel zu reizen, sondern um ein Arsenal für die Herstellung von Bonmots zu haben. Logica est ancilla rhetoricae. Und ferner: Es handelte sich wirklich nur um ein Arsenal, noch nicht um schußfertige Granaten. Diese mußte sich jeder selbst herstellen, wenn er Treffer erzielen wollte. Auf den Gebrauch kam es für den Meister an. Wir werden immer wieder sehen, wie das eigentlich Verblüffende der Fangschlüsse auf dem Geschick beruht, mit dem das Beispiel gewählt ist.

Der griechische „Kalauer"

Es ist an der Zeit, den griechischen „Kalauer" vorzuführen, der eng mit dem Trugschluß zusammenhängt. Jedermann kennt ihn, wie er harmlos heranschleicht, den Nichtsahnenden überfällt und ihm nach vollbrachter Tat ein Gefühl entlockt wie bei schwerer Seekrankheit, wenn sich das Unterste nach oben kehrt und ein Blick aufs freie Meer die einzige Rettung ist.
Kalauer sind ein billiges Vergnügen. Sie haben wie die Tragödie eine reinigende Wirkung, und wenn sie auch dem Überfallenen nur geringen Genuß gewähren, so erheitern sie den schadenfrohen Erzähler doppelt. Das ist psychologisch verständlich; denn der Erzähler hat neben der Schadenfreude die billige Vorfreude auf ihre Wirkung gehabt.
Kalauer sind meist geistlos, darum aber auch frei von Schuld und Fehle. Sie strengen keinen ernsthaft an. Während die guten Witze und die Bonmots bei den einfältigen Gemütern ihre Zeit brauchen, ehe sie zünden, ist es bei den Kalauern umgekehrt: Sie werden von den Harmlosen sofort verstanden, während die geistreichen Leute eine überdurchschnittlich lange Zeit zum Verstehen brauchen. Bei den Griechen gehörte ihre Beherrschung zu den Kunstgriffen der Rhetorik, mit denen die Redner ihre Hörer verblüfften.

Etwa so: *„Ist es recht, den eigenen Vater zu fesseln?“*
Worauf sich das ganze sittliche Gefühl des also Gefragten empörte.
„Es ist aber doch recht, beispielsweise wenn er geisteskrank ist und Tobsuchtsanfälle hat.“ –
„Ist es recht, einen Meineid zu leisten?“
Um Himmels willen!
„Aber doch! Denn wenn einer, von den Feinden gefangen, geschworen hat, falls man ihn freilasse, werde er seine Vaterstadt verraten – würde dieser Mann recht daran tun, seinen Eid zu halten? ‚Ich glaube nicht‘, setzt unser doppelzüngiger Freund hinzu, ‚sondern vielmehr, wenn er seine Stadt, seine Mitbürger und die Heiligtümer der Ahnen durch einen Meineid rettet‘[1].“
Daß er damit ein großes, vielleicht ein tragisches Problem berührt, ist ihm kaum bewußt geworden. –
„Will der Dieb etwas Schlechtes oder etwas Gutes nehmen?“
Natürlich etwas Gutes, sonst brauchte er ja nicht zu stehlen.
„Ist ein Goldstück etwas Gutes?“
Ja.
„Also nimmt der Dieb etwas Gutes. Etwas Gutes nehmen aber ist gut[2].“ –
„Hast du schon einmal einen Kelch Wein getrunken?“
Ja.
„Also hast du schon einmal einen Kelch getrunken[3].“
Und bin trotzdem am Leben geblieben ...
Schön wird es aber erst, wenn die Mehrdeutigkeit der Wörter in den Dienst der Sophisterei gestellt wird.
„Sind Homers Gedichte, die ‚Ilias‘ und die ‚Odyssee‘, geometrische Figuren?“
Gewiß nicht.
„Aber doch! Beide sind Gedichtkreise[4].“
Die Beispiele zeigen, wie der antike Kalauer aufs engste mit dem Trugschluß zusammenhängt. Er nutzt sprachliche Zweideutigkeiten aus, ja bei dem hohen Stand der griechischen Rede- und Streitkunst wurde zweifellos eine regelrechte Technik zu diesem Zwecke ausgebildet. Der ursprüngliche Zusammenhang mit dem Paralogismus aber wirft ein bezeichnendes Licht auf die Psychologie und Kulturgeschichte des Witzes: Er zeigt, wie ursprünglich

hohes philosophisches Gut im Lauf der Geschichte herabsinkt und unter anderem Zeichen weiterlebt.

Generalangriff auf den gesunden Menschenverstand

Wir haben einige Gewandtheit – kulturgeschichtliche Gewandtheit sozusagen – im Durchschauen von Kalauern und Trugschlüssen. Wir stolpern nicht mehr so leicht in die Fallen und Fußangeln wie damals auch die Gewiegtesten, als der Spaß aufkam und sich der Geist erst einmal gewöhnen mußte. Im Laufe von vierundzwanzig runden Jahrhunderten ist der Verstand mißtrauisch geworden, wenn man ihm mit scheinbar harmlosen Fragen kommt. Aber in ihrer Sünden Maienblüte konnte die Fragerei auch die helleren Köpfe verwirren und in rechte Ungelegenheiten bringen.
Platon und Aristoteles hielten es jedenfalls für nötig, jeder eine besondere Schrift gegen die Trugschlüsse und ihre Matadoren zu schreiben. Besonders Platons „Euthydemos“ ist eine köstliche Satire auf die sophistischen Methoden, die noch heute nichts von ihrem Witz eingebüßt hat, weil die Methoden die gleichen geblieben sind. Wenn es für den Frager eine brenzlige Lage gibt, kneift er. Wenn du ihn selber fragen willst, wird er dickköpfig und will allein das Recht zu fragen beanspruchen. Siehst du schon voraus, wo die Fußeisen liegen, und willst zweideutige Fragen auf etwas Bestimmtes einschränken, dann verlangt er hartnäckig Ja oder Nein und schilt dich unfähig, wenn du nicht darauf eingehen willst. Zeigst du ihm, daß er sich widerspricht, dann macht er ein beleidigtes Gesicht und findet es lächerlich, Sachen herbeizuziehen, die längst erledigt sind. Glaubst du, den wendigen Aal einmal festgehalten zu haben, dann redet er so lange auf dich ein, bis du müde wirst und nicht bemerkst, wie er dir entschlüpft. Ganz hoffnungslos steht es, wenn du verlegen bist; dann wird er unverschämt, und du hast das Nachsehen. Aber nicht besser ergeht es dir, wenn du meinst, durch Bedächtigkeit gewappnet zu sein; dann überrumpelt er dich, und du

mußt dich geschlagen bekennen, ehe du es dich versiehst. Gibst du dir auch nur den Anschein von Schwerfälligkeit, so ist es von vornherein aus mit dir; denn dann führt er dich aufs Glatteis, wo und wie er will[1].

Es ist eine bodenlose Klopffechterei, ein Generalangriff auf den gesunden Menschenverstand, den das listige Brüderpaar Euthydemos und Dionysodoros unternimmt. Gebürtig sind sie aus Chios „oder sonstwo dorther", wie Sokrates verächtlich sagt[2]. Dann sind sie nach Thurioi gekommen und wieder vertrieben worden, und nun führen sie seit einer Reihe von Jahren ein Vagabundenleben. Dabei zeigen sie für viel Geld und gute Worte ihre Taschenspielereien, wo man sie hören will. Sie behaupten, alles zu wissen und alles zu können. Sie wissen und können wirklich alles – wenn es dem Sokrates bei ihrer Weisheit und Kunst auch ist, als stünde jemand hinter ihm, der ihm beim Niedersetzen unversehens den Stuhl wegzieht und sich vor Lachen nicht halten kann, wenn er rücklings auf den Boden fällt[3].

Lernen die Schüler oder die Lehrer?

Sokrates hat einen reichen jungen Freund, Kleinias, in seiner Begleitung, auf den es Euthydem und Dionysodor besonders abgesehen haben. Hören wir, wie sie ihn in die Geheimnisse der Weisheit einweihen[1].

Euthydem also fragt ihn: *„Kleinias, zu welchen Menschen gehören die Lernenden, zu den Weisen oder zu den Unwissenden?"* Dazu muß man wissen, wie Sokrates kurz darauf mit ironischer Freundlichkeit erklärt, daß im Griechischen das Wort „lernen" auch für „verstehen" gebraucht wird, daß also die Frage auch heißen könnte: *„Zu welchen Menschen gehören die Verstehenden, zu den Weisen oder zu den Unwissenden?"* Und ferner ist auch das Wort „weise" insofern zweideutig, als es zugleich „klug" bedeuten kann, dann also einen Menschen bezeichnet, der eine leichte Auffassungsgabe besitzt.

Kleinias ist sehr verlegen, weil er nicht weiß, was er sagen soll, platzt aber endlich damit heraus, die Weisen seien die Lernenden (= die Verständigen).
Da erwidert ihm Euthydem: *„Es gibt aber doch Leute, die du als Lehrer bezeichnest – oder nicht?"*
Kleinias bejaht es.
*„Und diese Lehrer sind doch Lehrer der Lernenden (*hier also im Sinne von: *noch nicht Verständigen), so wie zum Beispiel der Kitharalehrer und der Schreiblehrer deine und der anderen Knaben Lehrer waren, während ihr ihre Schüler wart?"*
Er gibt das zu.
„Aber solange ihr noch lerntet, habt ihr doch das noch nicht gewußt, was ihr lerntet?"
Nein, antwortet er.
„Wart ihr also weise, als ihr das nicht wußtet?"
Gewiß nicht, erwidert er.
„Wenn nicht weise, dann also unwissend?"
Freilich.
„Als ihr demnach lerntet, was ihr nicht wußtet, da habt ihr als Unwissende gelernt?"
Der Knabe nickt zustimmend.
„Die Unwissenden also lernen, Kleinias, und nicht die Wissenden, wie du meinst."
Der Chor klatscht und amüsiert sich köstlich, während Dionysodor das Spiel wie die Katze mit der Maus von der anderen Seite beginnt.
„Wie war denn das, Kleinias, wenn euch euer Lehrer etwas vorsagte: wer von euch Knaben lernte da das Vorgesagte: die klugen (= die weisen) oder die dummen (= die unwissenden)?"
Die klugen, erwidert Kleinias.
„Also lernen doch die Klugen (= die Weisen) und nicht die Dummen, und die Antwort, die du eben dem Euthydem gegeben hast, war falsch."
Kleinias hatte das zwar anfangs auch gemeint, unterdessen aber hat ihm Euthydem bereits das Gegenteil bewiesen, und ein Sturm von Beifall und Gelächter erhebt sich, als Kleinias abermals hereingefallen ist. Doch wie ein guter Tänzer eine Bewegung nach beiden Seiten hin zu machen versteht, so auch der

Tanzmeister Euthydem. Er läßt also nicht locker und beginnt das Katz- und Mausspiel von neuem:
„Was lernen denn die Lernenden (also noch nicht Verständigen): was sie wissen oder was sie nicht wissen?“
Sie lernen das, was sie noch nicht wissen.
„Du kennst doch die Buchstaben?“
Ja, erwidert er.
„Und zwar alle?“
Er bejaht wiederum.
„Dann sagt er dir also etwas von dem vor, was du weißt und kennst, wenn du doch alle Buchstaben kennst?“
Auch das gibt er zu.
„Ja, wie ist es denn, lernst etwa du das nicht, was dir jemand vorsagt, während der es lernt, der die Buchstaben nicht kennt?“
Gleichwohl lerne ich doch, wagt Kleinias einzuwenden.
„So lernst du also, was du weißt und kennst, wenn du doch alle Buchstaben kennst.“
Er stimmt notgedrungen zu.
„So war also deine Antwort nicht richtig“, schließt Euthydem triumphierend. Und während er noch nicht richtig fertig ist, fängt Dionysodor seine Worte wie einen Ball auf und meint väterlich: *„Euthydem führt dich irre, Kleinias. Denn sage mir doch: bedeutet Lernen nicht, daß man ein Wissen annimmt von dem, was man lernt?“*
Kleinias gibt das zu.
„Und etwas wissen, heißt doch nichts anderes, als daß man ein Wissen schon besitzt.“
Er stimmt bei.
„Nichtwissen heißt also, daß man ein Wissen noch nicht hat?“
Auch das räumt er ein.
„Wer sind nun aber die, die etwas annehmen: sind es jene, die es schon haben oder die es nicht haben?“
Die es nicht haben.
„So hast du also zugegeben, daß auch die Nichtwissenden zu diesen gehören, nämlich zu den Nichthabenden?“
Er gibt sein Einverständnis kund.
„Zu den Nehmenden gehören also die Lernenden und nicht zu den Habenden.“

Er stimmt zu.
„So sind es also die Nichtwissenden, Kleinias, die lernen, und nicht die Wissenden." –
Es ist wirklich so gekommen, wie Euthydem dem Sokrates prophezeit hat: „Verlaß dich darauf, der Knabe mag antworten, was er will, er wird unfehlbar widerlegt werden." Indessen sind die beiden Unfehlbaren mit ihrer Weisheit noch lange nicht am Ende, und der „dialektische Fastnachtsschwank"[2] nimmt seinen Fortgang.

Ändert sich das Wesen mit den Eigenschaften?

Diesmal ist Sokrates selbst an der Reihe[1]. Er hat gesagt, es sei sein lebhafter Wunsch, daß Kleinias weise werde. Dionysodor fragt ihn, ob er das im Scherz oder im Ernst meine. Sokrates meint es in vollem Ernst.
„So überlege dir denn, Sokrates, daß du nicht etwas sagst, was du dann nachher wieder in Abrede stellst."
Sokrates entgegnet, er habe sich durchaus vorgesehen und denke gar nicht daran, seinen Wunsch zu widerrufen.
„Wie ist das also: ihr möchtet, sagt ihr, daß er weise wird?"
Ganz gewiß.
„Ist aber jetzt Kleinias weise oder nicht?"
Noch erhob er nicht den Anspruch – er ist eben kein Prahlhans.
„Aber ihr möchtet, daß er weise wird und nicht unwissend ist?"
Sokrates gibt es wiederum zu.
„Der er also nicht ist, wollt ihr, soll er werden, und der er jetzt ist, soll er nicht mehr sein."
Sokrates durchschaut den Betrug und gerät außer Fassung. Darauf hat der Rattenfänger aber nur gewartet, denn sofort meint er: *„Wenn ihr also wollt, daß er nicht mehr der sein soll, der er jetzt ist, so wünscht ihr offenbar, daß er zugrunde geht. Das wären ja wahrlich wertvolle Freunde und Liebhaber, die ihren Liebling mit aller Gewalt zugrunde richten wollen!"*
Diese Weisheitsprobe des Dionysodor verdient erhöhte Aufmerk-

samkeit. Je besser eine Maschine verzahnt und geschmiert ist, um so weniger hört man ihr Klappern. Sie geht leise und unauffällig, und man nimmt ihre Leistung in Empfang, ohne von der Herstellung peinlich berührt zu sein. Von dieser Art waren die Schlüsse über das Lernen und Verstehen der Klugen und der Dummen: eine Hexenmaschine, welche die beiden Zauberkünstler bedienten, ohne daß sie das Geheimnis ihres Tricks dem neugierigen Blick enthüllten. Wenn auch der Trick sehr einfach war, so verblüffte doch das Ergebnis durch die Geschwindigkeit und Wendigkeit, mit der es erreicht wurde.
Anders im letzten Falle. Hier läuft die Maschine hart und plump, und die Hexenmeister lassen uns unfreiwillig einen Blick in die Apparatur ihres Teufelswerkes werfen, der tiefere Schlüsse auf das Wesen ihrer Hexerei zuläßt. Diese beruht nämlich darauf, daß sie tun, als ob das Wesen eines Menschen in Frage gestellt würde, wenn er eine Eigenschaft ändert. Man könnte es auch umgekehrt ausdrücken, wenn man ihnen zugestehen wollte, daß sie es ernst meinen und daß ihre Trugschlüsse einer methaphysischen Idee entspringen: Sie leugnen die Möglichkeit einer Wandlung und damit eines Werdens überhaupt – sei es bei einer Person oder einer Sache. Aber tut man ihnen damit nicht zu viel Ehre an? Dachten die beiden wirklich so weit, oder war ihr Schlußverfahren nicht vielmehr die schülerhaft ungereimte Folge der parmenideischen Seinslehre?
Auch wenn man den Hexenmeistern logisch kommt, erweist sich ihr Gebräu nur als ein schaler Aufguß witzigerer Vorgänger, diesmal besonders des Antisthenes. Sie versteifen sich darauf, daß eine Person bleiben muß, was sie einmal ist, indem sie nachzuweisen suchen, daß das Gegenteil zu ungereimten Folgerungen führen müsse. Ein beliebtes und später durch das ganze Mittelalter in immer neuen Abwandlungen auftauchendes Beispiel für die Starrsinnigkeit der identischen Urteile ist etwa folgendes:

„*Ist der Mensch ein lebendes Wesen?*“

Ja.

„*Ist der Esel ein lebendes Wesen?*“

Ja.

„*Mithin ist der Mensch ein Esel.*“

Der also über sein Wesen Aufgeklärte sollte sehen, daß man eben

nicht sagen könne, ein Mensch sei etwas anderes als ein Mensch und ein Esel etwas anderes als ein Esel.
Ebenso bei Kleinias. Kleinias ist und bleibt Kleinias. Er ist logisch genommen ein Subjekt, dem das Prädikat „unweise" eignet. Würde sich nun das Prädikat ändern und zu „weise" werden, so würde diese Änderung nach der Meinung der Identiker bedingen, daß sich auch das Subjekt änderte – das aber bedeutet, daß es vernichtet würde. Da nun jedermann einsah, daß diese Ansicht zu offenbarem Unsinn führte, sollte er schließen, nur identische Urteile seien möglich.
Aber wir meinen, daß den beiden Hexenmeistern zu viel Ehre angetan wäre, wenn man annehmen wollte, sie hätten diesen Nachweis bewußt führen wollen. Es war anders: Zenon hatte mit genialem Blick für wirkliche Probleme die Lehre seines Meisters Parmenides verteidigen wollen. Die Technik, die er dabei ausgebildet hatte, war erlernbar geworden; die Sophisten hatten sie zum Zwecke rhetorischer Wirkungen aufgegriffen, und die Hexenmeister, die immer auftauchen, wenn im Staat etwas faul ist, hatten ein Gesellschaftsspiel daraus gemacht.

Die Tirailleure aus Megara

Westlich von Athen liegt Megara[1]. Wenn die Sonne nicht zu heiß brennt, erreicht man die Nachbarstadt auf der Straße am Meer in etwa einer Tagereise. Die Megariker wollen mit den Athenern nicht viel zu tun haben, weil seit Urzeiten Streit über die Grenzen herrscht. Außerdem sind sie auf die Athener neidisch, weil diese die Kleinstädter überflügelt haben.
Aber nicht nur politisch haben die Megariker den stolzen Nachbarn zu schaffen gemacht; auch geistig kamen sie ihnen ins Gehege. Freilich war es wohl im allgemeinen nicht weit her mit ihrem Witz; die attischen Komödiendichter wußten, warum sie plumpe und dumme Späße „megarisch" nannten. Das nahmen ihnen die Megariker wiederum übel, die auf ihre dorische Heimat nicht weniger stolz waren als die Athener auf ihre ionische, und so lebten sie mit den Nachbarn in dauernder Plänkelei.

Jedes Volk hat eines Tages seine große Stunde. Die große Stunde der Megariker war gekommen, als sie eine eigene Philosophenschule hervorbrachten. Natürlich ist sie nicht unabhängig von Athen; die gewaltige und in der griechischen Welt wie ein Komet aufstrahlende Persönlichkeit des Sokrates wirft auch in die kleine Großstadt ihren Schatten. Andere Anregungen kommen hinzu: Vor allem laufen Fäden nach Elea zu Parmenides und Zenon, die es den Megarikern wohl besonders angetan hatten. So verbindet der Gründer der megarischen Philosophenschule, Eukleides, sokratische und eleatische Einsichten zu dem Satze, das eine Gute sei die Gottheit; es sei das Seiende schlechthin. Das Nicht-Gute existiere überhaupt nicht, so wenig wie das Nicht-Seiende existiere.
Aber es fehlte in Megara der philosophische Genius. So wurden die Megariker denn auch in der Geschichte des menschlichen Denkens nicht wegen genialer Entdeckungen berühmt, sondern wegen ihrer Spitzfindigkeiten. Sie wurden die würdigen Nachfolger der Sophisten, nur daß es ihnen nicht in erster Linie um die rhetorische Wirkung zu tun war, sondern um das Denken und seine Probleme selbst. Theodor Gomperz vergleicht ihr Wirken treffend mit dem von Tirailleuren[2], welche die siegreich vordringenden Heersäulen der athenischen Philosophenschulen „allzeit umschwärmten, ihre Nachhut beunruhigten, ihr Vorrücken erschwerten. Die Blößen der athenischen Schöpfungen zu erspähen, die dogmatischen Schulen ... mit eindringender Kritik auf ihren Wegen zu begleiten, dazu haben sich die zu Megara ansässigen Denker stets bereit und aufgelegt gezeigt ... Ist es etwa der Sinn für groteske Wirkungen, der die Urheber der Bauernposse zugleich zu Erfindern verblüffender Fangschlüsse werden ließ?“
Darin waren sie jedenfalls Meister, und sie haben es auf diesem Gebiete weiter gebracht als die Sophisten und ihr Anhang. Schon Eukleides selbst war ein scharfsinniger Kopf, der dem Sokrates einiges am Zeuge zu flicken hatte. Es ist gewiß ein seltsamer Widersinn, wenn der anekdotenfrohe Plutarch uns berichtet[3], Eukleides sei ein Muster persönlicher Sanftmut gewesen. Als ihm nämlich sein jähzorniger Bruder zurief, er möchte verderben, wenn er sich an ihm nicht rächte, da antwortete dieser Anführer

einer Schule offenkundiger Streithähne, „der den Megarikern die Wut zu streiten eingeflößt hat", in unerschütterlicher Bruderliebe: „Ich will verderben, wenn ich mich mit dir nicht versöhne."

Der eigentliche Rattenfänger aber war Eubulides[4]. Jedenfalls wird er von der Überlieferung als der Erfinder der meisten „megarischen" Fangschlüsse betrachtet, woran zu zweifeln wir keinen Grund haben. Ein Komiker sagte über ihn:

Der kühne Eubulides
Mit scharf gehörnten Schlüssen
Und eitel falschen Gründen
Versieht nun alle Redner;
Demosthenes hat seine
Geschliffne Zunge diesem
Alleine zu verdanken.

Es wäre indessen sicher nicht richtig, den erbitterten Feind des Aristoteles nur als Waffenlieferanten der Rhetorik zu betrachten. Er nahm gewiß ernsthaft an den Denkproblemen Anteil – nur verdankt er seinen Ruhm eben dem anekdotenhaften Charakter seiner Fangschlüsse.

Stilpon, der redlichste von allen, vertrat die Schule nach außen[5]. Er wollte ganz Griechenland zum „Megarisieren" bringen, was ihm zum Glück nicht gelungen ist. Als er nach Athen kam, ließen die Handwerker ihre Arbeit liegen und strömten zusammen, um das Wunder zu sehen; er aber meinte, sie bewunderten ihn als den „wahren Menschen". Einmal hätte er sich beinahe um Hals und Kragen megarisiert. Als er nämlich die Statue der Athene von Pheidias sah, fragte er:

„Ist Athene, die Tocher des Zeus, ein Gott?"

Allerdings, antwortete man ihm.

„Diese hier ist aber nicht vom Zeus, sondern vom Pheidias gemacht; also ist sie kein Gott."

Darauf wurde er vor Gericht geladen. Hier gab er seine Rede unumwunden zu und behauptete recht zu haben; *denn sie sei in der Tat kein Gott, sondern eine Göttin, indem die Götter insgesamt Männer seien.* Das Gericht ließ sich auf derlei Scherze nicht ein, sondern befahl ihm, unverzüglich die Stadt zu verlassen.

Ein anderer Schüler des Eubulides war Alexinos aus Elea[6]. Er wird der „Oberstreiter" genannt, und wahrscheinlich um ihn noch mehr zu reizen, gab man ihm den Spitznamen Elenxinos, der „Widerleger". Eine Probe seiner Kunst möge diese Vorstellung der megarischen Tirailleure beschließen[7].
Ein Philosoph hatte behauptet, weil die Welt das Beste sei, das Vernünftige aber besser als das Unvernünftige, so müsse die Welt notwendig vernünftig sein. Worauf Alexinos mit Recht antwortete:
„Das Poetische ist besser als das Nichtpoetische und das Grammatische besser als das Nichtgrammatische, und so verhält es sich auch hinsichtlich der anderen Künste, die immer besser sind als die Nicht-Künste. Nichts aber ist besser als die Welt. Folglich ist die Welt poetisch und grammatisch."
Was kein Fangschluß ist!

Der Satz von der Allgewalt

Ehe wir uns den seit dem Altertum berühmten Trugschlüssen des Eubulides zuwenden, wollen wir uns noch anhören, was Diodoros Kronos gegen die Bewegung und die Möglichkeit vorzubringen hatte. Da seine Sätze, besonders der von der „Allgewalt", seit je als Meisterstücke der Dialektik betrachtet worden sind, wurde er der „Oberdialektiker" genannt[1].
Diodor war ein merkwürdiger Mann[2]. Seine fünf Töchter erzog er zu Meisterdialektikerinnen, zweien von ihnen gab er männliche Namen, und seine Sklaven rief er – wie weiland Schopenhauer seinen Hund „Atman" – mit den dialektischen Partikeln „Men" und „De" – „Zwar" und „Aber". Als er einmal bei einem Gastmahl war und Stilpon ihm dialektische Aufgaben vorlegte, die er nicht im Augenblick lösen konnte, wurde er vom Gastgeber darob verhöhnt. Er verließ das Fest, schrieb eine Abhandlung über das Problem und nahm sich seine Niederlage so zu Herzen, daß er alsbald starb. Ein boshafter Epigrammatiker schrieb darauf folgendes Sprüchlein über ihn:

O Kronos Diodoros,
Welch Daimon hat mit böser
Verzweiflung dich bestricket,
Daß du aus eignem Grame
Zum Tartaros gefahren,
Weil du nicht konntest lösen
Des Stilpon schwere Rätsel?
Mit Recht heißt du denn Kronos,
Doch ohne Rho und Kappa!
So bleibt allein noch Onos*.

Diodor war Fachmann für das Bewegungsproblem. Hatte Zenon, allem Menschenverstand zum Trotz, zu beweisen gesucht, daß eine Bewegung schlechterdings unmöglich sei, so war Diodor vorsichtiger. Er konnte sich die Bewegung zwar auch nicht erklären, weil er die Welt mechanistisch auffaßte, aber wenigstens der Augenschein überzeugte ihn bis zu einem gewissen Grade. So machte er dem gesunden Menschenverstand ein Zugeständnis, indem er sagte, man könne zwar behaupten, eine Bewegung habe stattgefunden, nicht hingegen, sie finde jetzt statt[3]. Eine Mauer etwa zerfällt nicht, solange die Steine beieinander sind; ebensowenig aber, wenn die Steine auseinander sind, denn dann ist sie bereits zerfallen[4].

Das Sein *ist*; es *wird* nicht – das ist die Anschauung, die allen Bewegungssophismen zugrunde liegt. Niemand von den sophistischen Dialektikern kam auf den Gedanken, daß das „Sein" eine gedankliche Abstraktion ist, der in der Wirklichkeit nichts entspricht; dem Glauben an das identische Urteil opferten sich die intelligentesten Köpfe. Wie eine Erneuerung der zenonischen Bedenklichkeiten klingt es, wenn Diodor zu erwägen gab[5]: „*Wenn sich etwas bewegt, so bewegt es sich entweder in dem Orte, wo es ist, oder in dem, wo es nicht ist. Weder aber bewegt es sich dort, wo es ist – denn dort ist und bleibt es eben –, noch dort, wo es nicht ist – denn wie könnte etwas dort tätig sein, wo es überhaupt nicht ist? Folglich bewegt sich nichts.*"
Man beleidigt den gesunden Menschenverstand nicht ungestraft. Als Diodor sich einmal die Schulter ausgekugelt hatte, suchte

*) D. h. Esel.

er den Arzt Herophilos auf[6]. Der sagte zu ihm: *„Entweder ist die Schulter dort ausgerenkt, wo sie war oder wo sie nicht war; weder aber, wo sie war noch wo sie nicht war; folglich ist sie gar nicht ausgerenkt.* “ Der Dialektiker aber bat ihn inständig, derartige Scherze zu unterlassen und ihn zu heilen.

Mehr durchdacht als die Bewegungssophismen ist der sogenannte „Satz von der Allgewalt“, wie man den schwer verständlichen griechischen Ausdruck übersetzt hat[7]. Er richtet sich gegen Aristoteles und seine Auffassung vom Möglichen, die in seinem Denken eine große Bedeutung hat, und folgert etwa so:

„Alles Vergangene ist mit Notwendigkeit so, wie es ist; sein Anderssein gehört in den Bereich des Unmöglichen. Aus dem Unmöglichen aber kann nicht das Mögliche folgen oder hervorgehen. Darum kann auch das Gegenwärtige und Zukünftige nicht anders sein, als es ist oder sein wird. Der Begriff der bloßen Möglichkeit kommt in Wegfall.“ Es gibt also nichts „Mögliches“, sondern nur Wirkliches und Unmögliches, in jedem Falle aber Notwendiges. Etwas Unwirkliches ist zugleich unmöglich.

Der Satz überschreitet bei weitem das Gebiet des Logischen und löst mit scheinbarer Evidenz eine der großen metaphysischen Fragen: das Problem der Freiheit. Wenn es keine Möglichkeit gibt, dann gibt es auch keine Freiheit. Dann herrscht mit Allgewalt das Schicksal, und es ist richtig, wenn Cicero, das Pathos des Satzes leicht ironisierend, an seinen Freund Varro schreibt[8]:

„Wisse, daß, wenn du mich besuchen wirst, dein Kommen eine Notwendigkeit ist; andernfalls gehört dein Kommen zu den unmöglichen Dingen.“

Dennoch ist des Rätsels Lösung verhältnismäßig einfach. Was Diodor beweisen will, setzt er als erwiesen voraus. Er sagt im ersten Satz, alles sei mit Notwendigkeit so, wie es nun einmal ist. Das aber ist ja gerade fraglich; denn es könnte jemand mit dem gleichen Recht behaupten: Alles geschieht zufällig so, wie es ist, oder: Alles geschieht aus dem Zusammenwirken von Zufällen und Notwendigkeiten so, wie es ist. Und er könnte folgern: Sein Anderssein gehört in den Bereich des Möglichen; aus dem Möglichen kann aber alles Mögliche folgen; darum kann auch das Gegenwärtige und Zukünftige anders sein, als es ist oder sein wird; der Begriff der bloßen Notwendigkeit kommt in Wegfall. –

So einwandfrei der Satz in sich scheint, so anfechtbar ist er, wenn der Zirkelschluß erkannt ist.
Aber vielleicht trifft man die Meinung des Diodor gar nicht, wenn man von einem „Zirkelschluß" spricht. Wäre es nicht viel wahrscheinlicher, daß er wiederum nur beweisen wollte: A = A, Notwendigkeit = Notwendigkeit? Denn ist es nicht wirklich auffällig, daß er sich darüber gar keine Gedanken gemacht hat, ob es nur eine Notwendigkeit geben könne? Als Anhänger der parmenideischen Lehre, nach der es kein Werden gibt, mußte er ja von der Unfreiheit überzeugt sein; sie war die selbstverständliche Voraussetzung, und die Logik hatte allein die Aufgabe, zu zeigen, daß jene Unfreiheit sich selbst gleich sei.

Der „Lügner"

Den „Lügner", dessen geistiger Vater der erwähnte Eubulides ist, hat man die „Krone aller Trugschlüsse" genannt[1]. Theophrast und Chrysipp setzten sich ausführlich mit ihm auseinander; andere Autoren des Altertums beschäftigten sich mit ihm; die mittelalterlichen Lehrbücher der Logik zerbissen sich an seiner Spitzfindigkeit die Zähne, und noch bis in die jüngste Zeit ist viel Geist an seine Auflösung vertan worden. Es ist gewiß nur ein schlechter Witz, daß sich ein alter Adept der Weisheit namens Philetas an ihm zu Tode studiert haben soll[2]; doch auch diese Anekdote zeigt die Schwierigkeit, mit der die Auflöser zu kämpfen hatten.
Die Form, in der der „Lügner" vorgelegt wurde, war natürlich eine Frage, auf die es nur ein Entweder-Oder als Antwort gab, damit das unglückliche Opfer der Falle nicht entgehen könne. Sie lautete[3]:
„Wenn ich lüge und gebe ganz offen zu, daß ich lüge – lüge ich dann oder sage ich die Wahrheit?"
Sagte man nun, man lüge, so antwortete der Fallensteller: *„Wenn du sagst, du lügst, und damit, daß du sagst: Ich lüge, die Wahrheit sagst, so sagst du die Wahrheit; also lügst du nicht."*

Meinte man das Gegenteil, dann entgegnete der Frager: „*Wenn du sagst, du lügst und sagst damit die Wahrheit, so lügst du; nun sagst du aber, du lügst und sprichst damit die Wahrheit; also lügst du.*“

Auch in einer anschaulicheren Form wird uns das Dilemma überliefert[4]:

„*Der Kreter Epimenides sagt: ‚Alle Kreter lügen immer.' Sagt er damit die Wahrheit oder lügt er?*“

Dazu muß man wissen, daß die Bewohner Kretas es mit der Wahrheit angeblich nicht sehr ernst nahmen. Wie steht es nun: Wenn der Kreter Epimenides behauptet, alle Kreter lügen immer, so lügt er natürlich auch, und zwar gerade auch mit dieser seiner gegenwärtigen Aussage; also ist es nicht wahr, daß alle Kreter immer lügen. Dennoch sagt er die Wahrheit; denn es ist ja wahr, daß alle Kreter immer lügen.

Schon Aristoteles hat eine Lösung gefunden, die freilich mit dem Durchhauen des gordischen Knotens durch seinen großen Schüler Alexander verglichen worden ist, nur daß sie „gänzlich ohne den gleichen durchschlagenden Erfolg“ gewesen sei[5]. Aristoteles sagte[6]: „Es ist die gleiche Sache [wie wenn einer geschworen hat, falsch zu schwören], wenn einer zugleich lügen und die Wahrheit sagen soll. Aber weil es nicht leicht zu sehen ist, was von beiden gelten soll: ob man einfach die Wahrheit sagt oder lügt, so scheint die Angelegenheit schwierig. Nichts hindert jedoch anzunehmen, daß ein Mensch unbedingt lügenhaft, aber relativ und hinsichtlich einer bestimmten Aussage wahrhaftig ist, und daß er wahrhaftig ist bei einer bestimmten Aussage, unbedingt wahrhaftig aber nicht.“

Aristoteles meint also: Die Fallensteller wollen mit ihrer Frage nichts anderes, als bei ihrem Opfer den Eindruck erwecken, als ob es bestimmte Situationen gäbe, in denen es logisch möglich wäre, daß einer gleichzeitig lügt und die Wahrheit sagt, das heißt, als ob der Satz vom Widerspruch als aufgehoben gälte und der gesunde Menschenverstand unzulänglich erschiene. Das ist natürlich Unsinn. Aristoteles setzt nun einen Lügner par excellence, einen „schlechthinnigen“ Lügner voraus, dessen charakterliches Hauptmerkmal Verlogenheit ist. Dieser Erzlügner könnte natürlich einmal die Wahrheit sagen – etwa in dem Falle, wo er

zu lügen behauptet. Dann wäre er wahrhaftig gewesen in bezug auf eine bestimmte Aussage, unbedingt wahrhaftig aber nicht. Diese Widerlegung, so treffend sie auf den ersten Blick ist, scheint aber Mängel zu haben. Sie verschiebt das Problem ins Psychologische, so daß man Aristoteles entgegenhalten könnte: Ein gewohnheitsmäßiger Lügner lügt eben immer – sonst wäre er kein gewohnheitsmäßiger Lügner. Worauf Aristoteles seinerseits erwidern könnte: Falsch – wie das Beispiel zeigt! – Gewiß ist, daß Eubulides damit keineswegs zufrieden gewesen wäre.
Kehren wir noch einmal zu dem Kreter-Beispiel zurück, das den Vorzug der Anschaulichkeit hat. Geben wir uns zunächst innerlich einen Stoß, um den Unsinn der Voraussetzung zu überwinden, daß alle Kreter immer lügen, und nehmen wir mit dem scharfsinnigen Eubulides an, es wäre in der Tat so. Da müssen wir denn zunächst feststellen, daß der Kreter Epimenides etwas objektiv Richtiges sagt, wenn er behauptet, daß alle Kreter immer lügen. An dieser Tatsache wird nichts geändert, wenn ein Kreter selbst sie ausspricht – so wenig wie an einer Lebensrettung etwas geändert wird, wenn ein Mörder sie ausführt.
Das klingt ganz überzeugend und ist es für das gewöhnliche Leben in der Tat. Nicht so aber für die Logik. Denn die Logik verlangt unbedingte Folgerichtigkeit und gestattet nicht, Epimenides auch nur mit einer einzigen Aussage von der allbekannten Lügnerei der Kreter auszunehmen. Wenn etwa ein Athener oder ein Spartaner oder ein Thebaner sagen würde, daß alle Kreter immer lügen, so hätte er möglicherweise recht. Wenn aber ein Kreter dieselbe Aussage macht, so soll sie falsch sein – wenn zwei dasselbe tun, ist es noch nicht das gleiche.
Sieht man die Sache so an, dann kommt man nicht viel weiter, als daß man mit vollem Recht feststellen kann: Das Kreter-Beispiel hinkt, die Anschaulichkeit ist sich selbst zum Verhängnis geworden. Zugleich wird auch die Ungereimtheit der Voraussetzung deutlich, daß alle Kreter immer lügen. Die gleiche Voraussetzung hat auch Aristoteles für den weniger anschaulichen Widersinn gemacht: *„Wenn ich lüge und gebe ganz offen zu, daß ich lüge – lüge ich dann oder sage ich die Wahrheit?“* Er hat auch hier einen grundsätzlichen Lügner vorausgesetzt und ganz mit Recht entgegengehalten: So etwas gibt es nicht, das ist charakte-

rologischer Unsinn. Auch der schlimmste Lügner muß nicht unter allen Umständen lügen; er kann einmal die Wahrheit sagen. Freilich könnte man dem entgegenhalten: Es ist aber charakterologisch ebenso unmöglich, daß ein grundsätzlicher Lügner sagt: Ich lüge; das könnte vielleicht ein Aufschneider, aber nicht ein Lügner. Hieraus ergibt sich mit Wahrscheinlichkeit, daß Aristoteles den Schluß im Sinne des Kreter-Satzes aufgefaßt und damit – mißverstanden hat. Wäre er wirklich so aufzufassen, dann freilich hätte der große Realist ganz recht, wenn er ihm entgegenhielte: Einen grundsätzlichen Lügner, das heißt einen Mann, der niemals und unter gar keinen Umständen die Wahrheit sagt – den gibt es nicht. Dieses seltsame Wesen kannst und darfst du, Eubulides, auch nicht einmal in Gedanken voraussetzen, weil du ansonsten die Kühnheit hättest, ein charakterliches Fabelwesen mit Hilfe unangemessener Methoden – logischer Methoden nämlich – zu erdichten. Dein Dauerlügner ist eine Chimäre, ein Greif, ein Drache oder ein anderes Wesen deiner Einbildungsgabe. Wenn du ihn zu mathematisch-logischen Zwecken erfinden willst, dann hast du dich im Gegenstand vergriffen. Die Wirklichkeit kennt keinen Greifen und keinen Drachen und keinen Dauerlügner; für deine geistige Welt magst du immerhin erfinden, was dir behagt – aber keinesfalls darfst du als Logiker mit einer logisch nicht hundertprozentig faßbaren Erscheinung wie „Lügen" arbeiten. Damit überschreitest du deine Zuständigkeit.
Was aber sollte uns wohl hindern zu glauben, daß der Kreter, selbst wenn wir einmal annehmen wollten, er löge sonst immer, mit der objektiv richtigen Aussage, daß alle Kreter Lügenbolde sind, nicht die Wahrheit sagt? Nichts und niemand hindert uns daran; Epimenides lügt ebensowenig wie ein Athener, der die gleiche Aussage macht, oder wie wir, wenn wir uns einmal dazu bereitfinden würden, die sinnlose Aussage zu machen.
Mit diesen Worten hätte Aristoteles den Kreter-Satz widerlegt, indem er gezeigt hätte, daß er sehr wohl berechtigt war, sich gar nicht erst auf das Glatteis der Paralogik zu begeben, sondern die Voraussetzung selbst als unstatthaft anzugreifen. Denn diese Voraussetzung gibt sich den Anschein, als wäre es gestattet, mit einem logischen Verfahren die Wirklichkeit aus den Angeln zu heben. Schon Zenon hatte den gleichen Versuch gemacht, indem

er es auf den physikalischen Vorgang der Bewegung abgesehen hatte. Der Erfinder des Kreter-Schlusses ist insofern entscheidend tiefer in die Linien des gesunden Menschenverstandes eingedrungen, als er weniger augenfällige seelische Tatbestände zum Ziel seiner Angriffe gewählt hat. Einen grundsätzlichen Lügner vorausgesetzt, ist die Widerlegung des Aristoteles keineswegs das Durchhauen eines gordischen Knotens ohne sichtbaren Erfolg, sondern sie ist die durchaus berechtigte Zurückweisung eines unangemessenen Anspruchs in seine Schranken.

Freilich – Aristoteles hat mit diesem Vorgehen nur den Kreter-Satz mit seiner törichten Voraussetzung erledigt. Anders liegt der Fall, wenn es sich nicht um einen grundsätzlich lügenden Kreter handelt, der wie das blinde Huhn auch einmal ein Wahrheitskörnchen gefunden hat, sondern um einen einmaligen, ganz bestimmten Fall. Nehmen wir wiederum ein Beispiel. Ich behaupte fälschlicherweise: *Gestern habe ich einen Hasen ein Ei legen sehen, und setze hinzu: Das ist eine Lüge – habe ich dann die Wahrheit gesagt oder gelogen?*

Prüfen wir wieder beide Möglichkeiten! Erste Antwort: Ich lüge. Entgegnung: „*Wenn du sagst, du lügst, und indem du sagst: Ich lüge, die Wahrheit sagst, so sagst du die Wahrheit; also lügst du nicht.*“

Zweite Antwort: Ich sage die Wahrheit. Entgegnung: „*Wenn du sagst, du lügst, und sagst damit die Wahrheit, so lügst du; nun sagst du aber, du lügst und sprichst damit die Wahrheit; also lügst du.*“

Wenn die Leute etwas zu verschleiern haben, machen sie gewöhnlich viele Worte. Wir sind heute von stärkerem Mißtrauen gegen Worte erfüllt als die Menschen vor zweieinhalb Jahrtausenden, und die moderne Linguistik hat unser Mißtrauen genährt. Es ist unterdessen zu viel Mißbrauch mit Worten getrieben worden; die meisten sind abgegriffen wie alte Münzen; ihre Prägung ist vieldeutig. Diodor glaubte noch im Ernst[7], daß jedes Wort nur das zu bedeuten habe, was ihm vom Sprechenden zugemutet werde. Er sah noch nicht die Vieldeutigkeit der Worte, die Sätze zu Labyrinthen machen kann, in denen man sich hoffnungsloser verirrt als Theseus im Labyrinth des Minotauros, hätte er den Faden der Ariadne nicht gehabt.

Zerstören wir also zunächst unbedenklich das Labyrinth der beiden Entgegnungen und führen wir die Sätze auf eine möglichst einfache Form zurück. *1. Wenn du sagst: Ich lüge, und damit die Wahrheit sagst, das heißt, deine frühere Aussage bezüglich des eierlegenden Hasen aufhebst, so lügst du nicht.*
2. Wenn du sagst: Ich lüge, und damit die „Wahrheit" bezüglich dieser Lüge sagst, das heißt, wenn dieses: Ich lüge, richtig ist, dann lügst du.
Damit wird sofort eins ganz deutlich. Das ominöse Sätzchen „Ich lüge" und seine „Wahrheit" ist jedesmal in einem anderen Sinne gemeint. Das erstemal bezieht sie sich auf den Inhalt der Aussage, in unserem Falle auf den Hasen. Widerrufe ich diese Aussage, indem ich die Wahrheit sage, dann bestätige ich, daß ich eben nur ein Märchen erzählt habe; folglich habe ich nicht gelogen, oder genauer: folglich lüge ich nicht mehr. Das zweitemal bezieht sich die „Wahrheit" auf die Behauptung des Lügens selbst. Eigentlich sage ich jetzt gar keine „Wahrheit", sondern stelle nur eine fälschliche Behauptung richtig. Der Inhalt meiner Aussage, der eierlegende Hase, ist damit gar nicht berührt. Indem Eubulides die beiden einander so ähnlichen Karten – wahrscheinlich im besten Glauben – vertauschte, entstand der verblüffende Eindruck, als könne man gleichzeitig lügen und die Wahrheit sagen. Ist der „Lügner" die „Krone aller Trugschlüsse"? Gewiß ist er ein feines Stück Arbeit, besonders darum, weil er so schwierige Dinge wie Wahrheit und Lüge in Frage stellt. Metaphysische Schwierigkeiten bietet er weder, wenn man den grundsätzlich verlogenen Kreter, noch wenn man eine einmalige Lüge voraussetzt. Freilich kann man zu den kniffligsten Lösungen kommen, wenn man nicht, wie es einzig vernünftig ist, von den beiden möglichen Antworten, sondern von der Frage selbst ausgeht. Denn diese bietet schlechterdings keinen Anhaltspunkt für die Lösung, und nur die doppelseitige Antwort zeigt, wo des Rätsels Lösung zu suchen ist. Der gesunde Menschenverstand soll sich nicht verblüffen lassen. Wenn man ihm mit so schwerem Geschütz kommt wie Eubulides, so soll er es machen wie der Spötter Lukian, der den „Lügner" gar nicht erst ernst nahm, als er in der Einleitung zu seinen „Wahren Geschichten" erklärte[8]: *Er denke nicht daran, bei der dürren Wahrheit zu bleiben, wo ringsum alles nach Herzenslust lüge,*

und so solle dieses Bekenntnis, daß er lügen werde, an seiner ganzen Rede das einzig Wahre bleiben.

„Elektra" oder „Der Verhüllte"

Eine schwere Arbeit verlangt Erholung. Eubulides hat auch dafür gesorgt. Die Schlüsse, die unter den Namen „Elektra" und „Der Verhüllte" in die Geschichte der Logik eingegangen sind, sind zwar keine Stümperei, aber erst recht keine Maßarbeit; man konnte sie damals sicher zu Dutzenden beziehen. Wie es dabei immer zu gehen pflegt, so vergrößerte auch hier die Nachfrage die Produktion, und umgekehrt steigerte das Angebot die Bedürfnisse.

So ist es denn nicht verwunderlich, wenn uns eine ganze Reihe von gleichartig gebauten Schlüssen überliefert ist, die alle auf dasselbe Ziel hinauslaufen: Man soll gestehen, daß man einen Menschen zugleich kennt und nicht kennt. Damit sollen Grundbegriffe der Logik des gesunden Menschenverstandes erschüttert und die sophistisch-megarische Paralogik zum Siege geführt werden.

Die „Elektra" läuft folgendermaßen[1]. Die Heldin vieler Trauerspiele, eine jedermann bekannte Gestalt, wird gefragt, *ob sie ihren Bruder Orest kenne (der fern von ihr aufgewachsen war und jetzt als Fremder vor ihr steht).* Antwortet sie bejahend, so hält man ihr entgegen: *„Falsch, denn er steht vor dir und du hast ihn nicht erkannt."* Verneint sie, so entgegnet man ebenfalls: *„Falsch, denn du weißt, daß Orest dein Bruder ist."* Was Elektra in der Tat sehr genau weiß.

Das Spiel geht nach denselben Regeln wie der „Lügner", nur ist es viel einfacher zu durchschauen. Unter „Kennen" wird jedesmal etwas anderes verstanden. Das erstemal ist das Kennen eines mit der Zeit fremd gewordenen Menschen gemeint, das zweitemal das Kennen eines verwandtschaftlichen Verhältnisses. Eben das aber war eins der großen Probleme der damaligen Logik, wie es denn sein könne, daß ein Subjekt zwei voneinander ganz verschiedene Prädikate bei sich haben könne.

Dieses durchaus ernsthaft gemeinte Problem wird noch deutlicher bei dem „Verhüllten", einer Spielart der „Elektra". Hier wurde dem Schüler der Weisheit ein mit einem Tuche völlig verhüllter Mensch vorgeführt und sodann die Frage an ihn gerichtet:

„Kennst du den Verhüllten?"

Ja, konnte er nicht gut antworten, denn er kannte ihn wirklich nicht. Sagte er aber *Nein,* so triumphierten die Zauberkünstler, enthüllten den Verhüllten, der etwa der Vater des Schülers war, und sagten: *„Also kennst du deinen Vater nicht."*

Wieder ist hier unter „Kennen" einmal das Verwandtschaftsverhältnis, das andere Mal das Wissen von der Gegenwart des Verwandten gemeint.

Was sollte der Schüler aus der sonderbaren Veranstaltung lernen? Daß aller Augenschein trüge und nur Parmenides recht habe, der ihn verwarf; daß überdies nur identische Urteile möglich seien, weil *ein* Subjekt immer nur *ein* Prädikat haben kann. Antwortete man nämlich: Ja, ich kenne den Verhüllten, denn ich weiß, daß es ein Verhüllter ist – dann war alles in bester Ordnung. Denn was soll ein Verhüllter anderes sein als eben ein Verhüllter? Wie in aller Welt sollte es zugehen, daß er zugleich noch ein „anderer" sein könnte, beispielsweise ein Vater?

Es ist ein auf die Spitze getriebener, sich selbst überschlagender und alle Vorsichtsmaßregeln des gesunden Menschenverstandes und der Anschauung außer acht lassender Rationalismus, der sich in diesem Verfahren äußert. Der Geist, aus dem Traume der mythischen Welt erwacht, kehrt sich gegen sich selbst, indem er seine Möglichkeiten verselbständigt. Er hat eine der großartigsten Entdeckungen gemacht, die dem Menschen überhaupt vorbehalten war: den Sinn des logischen Subjekt-Prädikat-Verhältnisses. Er hat gefunden, daß man nicht nur identische Urteile fällen kann, wie daß 5 = 5 sei, sondern daß es ein durchaus sinnvolles Urteil ist, wenn man behauptet, das Wasser sei naß. Daß aber hier die Kopula „ist" einen anderen Sinn hat als dort, daß das gleiche Wörtchen etwas gänzlich Verschiedenes bedeutet – das ist es, was allen megarischen Paralogikern so schweres Kopfzer-

brechen macht. Denn sie sind eben noch nicht von dem gleichen Mißtrauen gegen Worte erfüllt wie wir; sie glauben den Worten sozusagen aufs Wort, auf den Buchstaben sogar – und das ist ihr Verhängnis.
Denn wenn das Wasser naß ist, so ist es eben naß und kann nichts anderes in der Welt sein, wie die Megariker etwa aus dem Beispiel schlossen, daß 5 nur 5 und nicht zugleich 6 sein kann. Daß Wasser auch noch grün oder heiß oder kalt sein könne, machte ihnen die schwersten Bedenken. Wie hätten sie sich erst gesträubt, wenn sie aus Mephistos Munde gehört hätten:

Grau, teurer Freund, ist alle Theorie,
Und grün des Lebens goldner Baum.

Zunächst hätten sie, die Theoretiker schlechthin, den Sinn des ketzerischen Satzes ablehnen müssen. Dann wäre es ihnen wider den Strich gegangen, wenn jemand die Theorie, ein heiliges Abstraktum, mit einer konkreten Eigenschaft belegt hätte. Daß endlich ein goldner Baum grün sein solle, hätte ihre tiefe Empörung hervorgerufen. Wollten wir Goethe beim Wort nehmen, so müßten wir ihnen in diesem Punkte sogar recht geben; doch wir wissen, daß dem Vergleich eine sinnbildliche Kraft innewohnt, die von keinem logischen Bedenken auch nur getroffen wird.
Wie aber nun, wenn sich zu gleicher Zeit vom gleichen Gegenstand ohne dichterische Freiheit und ganz logisch das Gegenteil erweisen ließe? Wenn sich beispielsweise herausstellte, daß jemand zugleich bekannt und unbekannt sein könne? „Elektra" und der „Verhüllte" waren doch offenbar die besten Beweise dafür, wie trügerisch die Annahme nicht-identischer Urteile war, wohin es führen mußte, wenn einer vom geraden, aber sturen Wege des Parmenides abwich.
Solche Erwägungen mögen die Megariker angestellt haben, als sie ihre Paralogik durchzusetzen versuchten. Unfreiwillig schufen sie mehr Gutes, als sie ahnen konnten. Sie zwangen den menschlichen Verstand, sich anzustrengen, um sie zu widerlegen. Sie haben damit für die Ausbildung der Logik das gleiche Verdienst gehabt wie die Hechte im Karpfenteich: Sie sorgten dafür, daß die Karpfen nicht faul werden und vor der Zeit Moos ansetzen.

Der „Haufen", der „Kahlkopf" und der „Stete Tropfen"

Sextus Empiricus, ein Skeptiker, widmet ein besonderes Kapitel einer seiner Schriften den Sophismen[1]. Er vergleicht darin das Schlußverfahren in sophistischer Art mit einem Wege, der zu einem Abgrund führt, und meint mit gutem Witz, der Weg sei noch lange nicht Grund genug, sich dem Abgrund zu nähern, sondern warne vielmehr, sich vom Abgrund fernzuhalten. Alsdann überträgt er seinen Vergleich auf die Sophismen, indem er sagt: „So werden wir auch, wenn eine Rede uns zu etwas zugestandenermaßen Ungereimtem verleiten möchte, dem Ungereimten um der Rede willen keineswegs beistimmen, sondern werden uns von der Rede fernhalten wegen ihrer Ungereimtheit."

Sextus hält es also nicht für geraten, sich in die Höhle des Löwen zu begeben. Er rät vielmehr für den einzelnen Fall, bei jeder Voraussetzung ruhig zu bleiben und erst dann, wenn die ganze „Rede" vorgetragen ist, die Gegengründe vorzubringen. Also: nicht auf das verlockende Frage- und Antwortspiel hineinfallen, sondern sich zurückhalten und abwarten, was bei der Fragerei herauskommt; erst dann die Trümpfe ausspielen und den Gegner sozusagen im Ganzen ausheben!

Freilich hatten die Gegner der Sophisten auch ihre Methoden und Techniken. Beim Vortrag des „Haufenschlusses" gaben sie den guten Rat[2], stehenzubleiben und „an sich zu halten", um nicht in Ungereimtheiten zu verfallen. Also eine Art Yoga-Praxis, die gewiß nicht zu verachten war, wenn man sich nicht in Ungelegenheiten bringen wollte.

Wie aber sah der Schluß auch, der so viel Aufmerksamkeit erforderte? Er ist uns in verschiedenen Formen überliefert und läßt sich grundsätzlich überall da vollziehen, wo der Begriff einer Menge in Frage steht. Er lautet etwa so:

„Zwei Getreidekörner sind doch wenige?"

Ja.

„Ebenso drei?"

Ja.

„Ebenso vier? Und fünf?"

Ja.

„Wie aber kommt es dann, daß zehn Körner einen Haufen bilden?“
Die Verwandtschaft dieses Schlusses mit dem zenonischen „Hirsekorn“ liegt auf der Hand. Wir haben sogleich den Terminus „Empfindungsschwelle“ aus der Psychologie zur Hand und meinen, das Problem damit lösen zu können. Indessen wollen wir uns doch erst die anderen Formen des Schlusses ansehen, ehe wir behaupten, der Schwierigkeit Herr geworden zu sein.
„Wenn man ein Haar verliert, so hat man doch noch keinen Kahlkopf?“
Nein.
„Auch nicht, wenn man zwei, drei, vier Haare usw. verliert?“
Nein.
„Wo aber fängt dann der Kahlkopf an[3]*?“*
Weniger berühmt, uns aber wegen unseres Sprichwortes vom steten Tropfen, der den Stein höhlt, am vertrautesten, ist endlich eine dritte Wendung[4]:
„Ein Tropfen höhlt doch keinen Stein?“
Nein.
„Auch zwei und drei und vier Tropfen nicht?“
Nein.
„Wo aber beginnt dann die Wirkung?“ Oder: *„Wie aber kommt es, daß der Stein doch hohl geworden ist?“*
Was wollte Eubulides mit dem „Haufenschluß“? Er wollte vielleicht wieder auf die Identität der Begriffe hinaus. Zwei Körner = zwei Körner, drei Körner = drei Körner, vier Körner = vier Körner usw. Niemals sollte es möglich sein, etwa zehn Körner für etwas anderes als zehn Körner zu halten, nämlich für einen Haufen. Waren dann nicht auch zehn Steine oder zehn Esel oder zehn Sterne ein „Haufen“? Und wenn sie alle dasselbe waren, waren denn dann – beim Zeus! – nicht Körner und Steine und Esel und Sterne dasselbe? Das hatten die kalauernden Sophisten behauptet, die aus der Tatsache, daß Esel und Menschen lebende Wesen sind, geschlossen hatten, Esel und Menschen seien dasselbe. Eubulides aber war ein ernster Logiker, und gerade darum mußte er beweisen, daß man vorsichtig mit den Allgemeinbegriffen und Sammelwörtern umzugehen hat. Sie führen nur zu falschen Vorstellungen vom Wesen der Welt, folglich vermeidet

man sie besser und bleibt dabei: Zehn Körner sind zehn Körner und sonst nichts.

Oder zeigte sich denn nicht etwa die Fragwürdigkeit der Allgemeinbegriffe aufs beste, wenn man sie verglich? Zehn Körner sollen einen „Haufen“ bilden; zehn ausgefallene Haare bilden aber mindestens hinsichtlich eines zu erwartenden Kahlkopfes gewiß noch keinen Haufen, und zehn Tropfen gar können noch nicht einmal einen Speckstein höhlen, obwohl sie doch angeblich auch ein „Haufen“, eine Menge von Tropfen sind! Was also ist ein „Haufen“? Ein nichtswürdiges Sammelwort ohne rechten Sinn und Verstand! Kein ernsthafter Logiker kann das Wort in den Mund nehmen, ohne sich lächerlich zu machen.

So etwa hätte Eubulides sprechen können, wenn er hätte beweisen wollen, daß man sich vor Sammelbegriffen zu hüten habe. Aber war das wirklich das Ziel seines Schlusses, oder wollte er nicht vielleicht darauf hinaus, daß eine Anzahl von Körnern, wie groß sie auch sein mag, immer nur eine bestimmte Zahl bildet und daß es unmöglich wäre, wenn sie plötzlich etwas anderes als eine solche Zahl, nämlich ein „Haufen“ würde? Also etwas der Zahl nach Unbestimmtes, etwas nicht nur der Menge nach, sondern auch der Art nach Verschiedenes? Das wäre nun in der Tat Grund genug zur Verwunderung gewesen.

Freilich hätte Eubulides auch in diesem Falle dem gesunden Menschenverstand nicht viel anhaben können. Er hätte höchstens gezeigt, daß es in der Tat möglich ist, mit der Kopula „ist“ auch der Art nach Verschiedenes zu verbinden. Dabei ist es allerdings ein Problem, wann denn nun eigentlich, in welchem „Augenblick“, die andere Qualität beginnt. Denn Leute wie Eubulides gehen aufs Ganze und sind nicht damit zufrieden, wenn man ihnen mit unbestimmten Äußerungen kommt.

Aber gerade darin liegt ihre entschiedene Schwäche. Denn die Menschen sind nun einmal nicht gleich. Für den einen ist eine Wagner-Oper ein Ohrenschmaus, für den anderen ein Ohrengraus, dem er nach Möglichkeit zu entgehen sucht. Das aber sieht der Paralogiker nicht ein. Wenn er überhaupt schon einmal zugeben würde, daß sich der Art nach Verschiedenes durch die Kopula verbinden läßt, so könnte er doch nimmer damit übereinstimmen, daß für den einen ein „Haufen“ ist, was der andere noch

für eine bestimmte und leicht überschaubare Zahl von Körnern nimmt. Theodor Gomperz bringt das treffende Beispiel[5], daß die Grenze für einen Bakaïri-Indianer, „der schon, wenn er bis drei zählt, seine Finger zu Hilfe nehmen muß", anderswo liegt als etwa für einen Experimentator, der im Überschauen größerer Mengen geschult ist, oder für einen Zahlenkünstler, der „einige Dutzend Objekte auf den ersten Blick zu zählen fähig" ist.
Was Leute wie Eubulides und Parmenides nicht einsehen wollen und wohl auch nicht einsehen können, ist die Tatsache, daß es sich bei allen Sammelbegriffen um vergleichsweise gemeinte Wörter und in gewissem Sinne um Wertungen handelt. Wenn A ein Dutzend Körner auf den ersten Blick als „zwölf Körner" bezeichnet, B hingegen schon bei einem halben Dutzend von einem „Haufen" spricht, so kann man aus dieser Tatsache allein auf die Verschiedenheit der einzelnen Menschen untereinander, nicht aber auf die Haltlosigkeit ihres gesunden Verstandes schließen, der dem einen so gut wie dem anderen eignen kann.

Der „Gehörnte" und der „Geschlagene Vater"

Aulus Gellius erzählt uns in seinen „Attischen Nächten" ausführlich von der Regel, welche die Dialektiker bei ihren Disputierübungen aufstellten[1]. Es war sozusagen die Spielregel, auf die man sich vorher zu verpflichten hatte, andernfalls man gewärtig sein mußte, sofort vom Platze verwiesen zu werden wie ein unfairer Sportsmann. Sie bestand in nichts mehr, aber auch in nichts weniger, als daß man nur mit „Ja" oder „Nein" zu antworten hatte. Hielt man sich nicht daran, so galt man als ungebildet und unfähig, an einer wissenschaftlichen Erörterung teilzunehmen.
Gellius ist gern bereit zuzugeben, daß man sich im allgemeinen an genaue Antworten zu halten habe, weil sonst die Unterhaltung ins Endlose zerfließen würde. Allein es gibt Fälle, bei denen man nach dieser Spielregel unweigerlich in die Falle geht. Dahin gehört etwa der „Gehörnte", der so läuft[2]:

„Was du nicht verloren hast, hast du das, oder hast du es nicht? Doch ich verlange, daß du nur mit Ja oder Nein antwortest!" Die erste Regung des also Angegangenen wird nun sein, mit Ja zu antworten. Tut es der Unglückliche, so wird man feststellen, *er habe mithin Hörner, da er sie nicht verloren habe.* In der Erkenntnis, daß dieser Zustand für ihn physisch wie moralisch gleich unangenehm ist, könnte der Betreffende meinen, er führe besser, wenn er mit Nein antwortete. Doch dann wird ihm sogleich bewiesen, *daß er keine Augen habe, denn er habe ja nicht, was er nicht verloren habe.*

Auf diese Weise kann man seinem Opfer an- oder wegzaubern, was man will. Denn das ist ja das Bedauerliche wie – von der Seite des Opfers aus – das Erfreuliche an allen derartigen paralogischen Kunststückchen, daß sich die Wirklichkeit, die vom Paralogiker mit Verachtung gestraft wurde, umgekehrt rächt, indem sie den paralogischen Künstler einfach übersieht.

So mag er uns alle derart verwandeln wie Kirke die Freunde des Odysseus – wir werden uns von Hermes ein Kraut schenken lassen, um den Zauber wieder zu lösen. Aulus Gellius rät uns, entweder gegen die Spielregel zu antworten: „Was ich gehabt, das habe ich noch, wenn ich es nicht verloren habe." Aber wir benutzen lieber den anderen Hinweis, man solle auf solche verfänglichen Fragen gar nicht antworten. Dann ist der Zauberer gezwungen, sein Kunststück ohne unsere Teilnahme durchzuführen, und wir mögen denken, was uns beliebt.

Wir würden dann zu Eubulides etwa sagen: Es ist uns klar, worauf du hinauswillst. Du willst zeigen, daß Verlieren gleich Verlieren oder Haben gleich Haben ist, und zwar unter allen Umständen, die sich denken lassen. Nun verhält es sich aber in Wirklichkeit ein wenig anders. Wenn ich sage: Ja, ich habe, was ich nicht verloren habe, so füge ich gewöhnlich ein kleines Wörtchen zu: das Wörtchen „noch". Es deutet an, daß ich es überhaupt einmal besessen habe. Hörner habe ich glücklicherweise nie besessen; also hätte ich beruhigt antworten können: Ja, ich habe noch, was ich nicht verloren habe, dabei stillschweigend voraussetzend, daß ich es überhaupt einmal besessen hätte. Das aber verbotest du mir unter Androhung des Ausschlusses wegen unfairen Spiels. Umgekehrt: deine Spielregel war unfair, und du

müßtest ausgeschlossen werden, weil du unfair spielen wolltest. Wenn ich aber nun gar antworten soll: Nein, ich habe nicht, was ich nicht verloren habe, so ist das ein häßlicher Trick, der mich einfach dazu zwingen soll, diese Möglichkeit gar nicht erst ins Auge zu fassen und lieber gleich Ja zu sagen. Denn natürlich kannst du mir auf diese Weise alle meine körperlichen Barschaften absprechen, und da ich nicht gern ohne Haupt, Rumpf und Glieder herumlaufen möchte, sehe ich mich doch gezwungen, lieber Ja zu sagen und die Hörner in Kauf zu nehmen. Wenn ich es nicht vorziehe, dir ein für allemal das Recht abzusprechen, überhaupt Fragen zu stellen, die von vornherein doppeldeutiges Gebaren verraten.
Nicht viel besser steht es mit der Frage des Alexinos, die also lautete[3]:
„Hast du aufgehört, deinen Vater zu schlagen? Aber bitte: Nur Ja oder Nein!“
Nein.
„Also hast du nicht aufgehört und schlägst ihn noch!“
Ja.
„Also hast du aufgehört und hast ihn mithin früher einmal geschlagen, gottloser Bube!“
Natürlich konnte man auch hier andere Spielarten wählen. Etwa diese[4]:
„Hast du aufgehört, Ehebruch zu begehen oder nicht?“
Da der Verdächtigte sich laut Spielregel verpflichtet hatte, unter allen Umständen nur mit Ja oder Nein zu antworten, mußte er in den sauren Apfel beißen.
Nein.
„Also hast du noch nicht aufgehört und treibst ihn weiter!“
Ja.
„Also hast du jedenfalls einmal Ehebruch getrieben, schamloser Wollüstling!“
Hier gibt es in der Tat keinen Ausweg, wenn der Gefragte nicht zufügen darf, daß er ja gar nicht erst angefangen habe, wie es der Frager stillschweigend und voll Tücke vorausgesetzt hat.

Der redliche Betrüger

Was ist eigentlich ein Trugschluß?
Wenn wir erst jetzt diese Frage stellen und nicht zu Beginn unseres Weges, so weisen wir einfach darauf hin, daß die Erklärungen auch im Laufe der Geschichte nicht am Anfang zu stehen pflegen, sondern erst folgen, wenn sich die Menschen an Hand des vorhandenen Materials über den Gegenstand klar werden können. Aristoteles hat in seinen „Sophistischen Widerlegungen" auch über das Wesen der Trugschlüsse das Wichtigste gesagt[1]. Er unterscheidet die wirklichen Schlüsse von denen, die nur dem Scheine nach Schlüsse sind. Mit dem logischen Schlußverfahren geht es ebenso wie allerorten, wo nur eine Ähnlichkeit im Spiele ist. „Die einen sind gut gewachsen, bei den andern scheint es nur so, weil sie sich ... aufgeblasen und ausstaffiert haben. Und die einen sind wirklich schön, während die anderen nur den Schein der Schönheit besitzen, weil sie sich aufgeputzt haben. Nicht anders ist es im Bereich der unbelebten Natur. Auch hier ist das eine wahres Silber oder Gold, das andere ist es nicht, erscheint aber unserer Wahrnehmung als solches. So sehen zinnerne und bleierne Gegenstände aus wie Silber, und was gelb gefärbt ist, sieht aus wie Gold. Ebenso sind der eine Schluß und die eine Widerlegung wirklich solche, die anderen sind es nicht, müssen aber der Unerfahrenheit so erscheinen. Die Unerfahrenen sehen hier, gleichsam wie weit entfernt Stehende, alles nur von weitem."
Das ist artig gesagt und deckt in der Tat das Entscheidende auf: den Unterschied von Sein und Schein. Trugschlüsse sind gar keine Schlüsse; sie geben sich nur den Anschein, als wären sie welche. Aristoteles gibt auch einen wesentlichen Grund an, warum ein Trugschluß zustande kommt; wir haben ihn im Laufe der Begegnungen mit den Sophisten und Megarikern schon mehrfach aufgedeckt. Er sagt nämlich: „Der Schluß erfolgt aus bestimmten Voraussetzungen, so daß er mit Notwendigkeit etwas anderes (also nicht das gleiche, wie es bei den identischen Schlüssen der Fall ist!) als das Vorausgesetzte auf Grund dieses Vorausgesetzten ausspricht, und die Widerlegung ist ein Schluß mit Wider-

spruch gegen den Schlußsatz des Gegners. Die scheinbaren Schlüsse und Widerlegungen aber leisten das nicht, scheinen es jedoch aus allerlei Gründen zu leisten, und hier ist eine Quelle, aus welcher der Schein entspringt, die natürlichste und gewöhnlichste: Wir meinen die Verwendung der Worte. Man kann beim Disputieren nicht die Dinge selbst hernehmen, sondern gebraucht statt ihrer die Worte als ihre Zeichen. Daher glaubt man dann, was für die Worte gilt, müsse auch für die Dinge gelten, wie wenn man rechnete und es mit Rechensteinen zu tun hätte. Aber hier fehlt die Gleichheit. Die Worte als ebensoviele Begriffe sind der Zahl nach begrenzt; die Zahl der Dinge aber ist unbegrenzt. Darum muß derselbe Begriff und ein und dasselbe Wort gleichzeitig eine Vielheit von Dingen bezeichnen." Wie also bei den Rechensteinen der Unerfahrene vom Schwindler betrogen wird, so geht es den Opfern der Sophisten bei den Fehlschlüssen.

Es ist nach der Meinung des Aristoteles die Sprache, die uns zu täuschen vermag. Sie ist als ein Erzeugnis des menschlichen Geistes endlich, während die Dinge und Beziehungen der Natur unendlich sind. Hier entsteht mit Notwendigkeit ein Mißverhältnis, so daß wir gezwungen sind, nicht nur verschiedene Gegenstände, sondern vor allem verschiedene Beziehungen und Verhältnisse der Gegenstände untereinander mit den gleichen Wörtern und Wortformen zu bezeichnen. Durch eine unglückliche Verkettung von Umständen kann dieser Zwang der Verhältnisse dazu führen, daß es möglich erscheint, als löge ein Mensch und spräche doch zugleich die Wahrheit.

So klar und geistreich uns Aristoteles hier auch über das Wesen der Trugschlüsse aufklärt, so gibt er doch keine Definition. Danach fragen wir die Stoiker[2], die sich nach den Sophisten und den Megarikern am eifrigsten und erfolgreichsten mit den Trugschlüssen beschäftigten. Nach ihnen war ein Sophisma „ein scheinbarer und listig verschlungener Schluß, in welchem ein falscher oder unklarer oder überhaupt unannehmbarer Schlußsatz als annehmbar erscheint".

Auch hier ergibt sich als das wesentliche Unterscheidungsmerkmal vom echten Schluß die Erweckung des Scheines, mit dem uns etwas Echtes vorgetäuscht werden soll. Wem aber auch das noch nicht genügt, dem müssen wir mit dem schwersten Geschütz kommen, das uns zu Gebote steht und das der englische Denker Jeremy Bentham also bedient[3]: „Durch das Wort Trugschluß bezeichnet man gewöhnlich einen angewandten Schluß oder eine aufgedrängte Ansicht (any argument employed, or topic suggested) zu dem Zwecke oder mit der Wahrscheinlichkeit, die Wirkung der Täuschung hervorzubringen, das heißt irgendeine irrige Meinung hervorzurufen, die von jemandem behauptet werden soll, dem ein solcher Schluß vorgemacht worden ist (of causing some erroneous opinion to be entertained by any person to whose mind such argument may have been presented).“ Bentham hat dabei im wesentlichen politische Trugschlüsse im Sinne, über die er mehr als vierhundert Seiten mit viel Gelehrsamkeit und manchem bösen Wort gegen die politischen Praktiken seiner Landsleute geschrieben hat.

Wer jedoch des blassen Definierens überdrüssig ist und sich nach einem herzhaften Wort sehnt, dem können wir auch dienen.

In seinem weltumsegelnden August hat Knut Hamsun den modernen Sophisten, Eristiker und Rhetor gestaltet, und er schildert ihn so, wie wir uns seine Brüder im Geiste vor über zwei Jahrtausenden vorzustellen haben:

„Er saß da auf der Lauer und voll guten Glaubens und tischte ihnen eine Geschäftslüge nach der anderen auf, tischte Zahlen und Berechnungen, Hundekünste, Perlen von Schwindel auf, und bei all dem war er unschuldig in seinen Absichten. Er war unschuldig, er glaubte an seine Mission und log ehrlich und redlich zu deren Vorteil.“

Sokrates ist nicht Sokrates

Je fester sich jemand ein Vorurteil in den Kopf gesetzt hat, um so lieber wird es ihm mit der Zeit. Da hilft kein gutes Zureden, da hilft erst recht keine Gewalt; wer sich einbildet, daß die Paralogisterei die einzig mögliche Form der Logik ist, der läßt sich seinen Aberglauben auch nicht durch die unmittelbare Überzeugung der sinnlichen Wahrnehmung trüben. Er wird die Bewegung selbst dann noch leugnen, wenn der ominöse Dachziegel sich schon in Richtung auf seinen Kopf in Bewegung gesetzt hat und ihn im nächsten Augenblick von jeder weiteren Unterhaltung ausschalten wird.

Leute dieser Art waren eine Reihe von Stoikern, deren Name uns nicht überliefert ist[1]. Natürlich ist damit kein Urteil über die Stoiker im allgemeinen gefällt, wenn es auch verdächtig ist, daß ihr Haupt Chrysippos, dessen dialektische Schärfe gerühmt wird, eine Anzahl von besonderen Abhandlungen über verschiedene Trugschlüsse geschrieben hat. Jedenfalls haben sich die Stoiker ausgiebig mit Sophismen beschäftigt und ihnen im Rahmen ihrer Logik einen besonderen Abschnitt gewidmet. Stofflich waren sie dabei wahrscheinlich weitgehend von den Megarikern und Sophisten abhängig, verarbeiteten aber das Überlieferte zu einem neuen Ganzen.

Einige Schlüsse minderer Art werden uns als stoisches Geistesgut überliefert. Da sie alle ihre technische Bezeichnung haben, werden sie in den Schulen als Paradepferde für die Tücken der Logik vorgeritten worden sein, und die Schüler hatten je nach der „Richtung", welcher der Lehrer angehörte, die Aufgabe, sie zu widerlegen oder sie als unwiderleglich zu erweisen.

Da war etwa der „absprechende" Beweis, mit dem man zeigen kann, daß jemand mit sich selbst nicht identisch ist. Das war auf folgende einfache Weise möglich[2]:

„Ein (beliebiger) Mensch ist doch nicht Sokrates?"

Nein.

„Sokrates ist aber doch ein Mensch."

Gewiß.

„Also ist Sokrates nicht Sokrates."

Der Leser wird in der Kunst der Paralogik unterdessen so weit fortgeschritten sein, daß sich eine Widerlegung erübrigt.

Da war ferner der „Niemand". Er diente dazu, eine Stadt mit einem Worte zu entvölkern, was um so nützlicher war, als es oft zehntausend Schwertern und Speeren nicht gelang. Auf folgende Weise war es mühelos zu erreichen[3]:

„Wenn jemand in Athen ist, dann ist er doch nicht in Megara?"

Nein.

„In Athen ist aber doch ein Mensch."

Natürlich.
„Also ist kein Mensch in Megara." –
Ganz faul ist der „Parallelsatz", mit dem man den Mitunterredner einfach zum Narren hielt[4]:
„Wo wohnt Theon?"
Da wo Dion.
„Wo wohnt Dion?"
Da wo Theon.
Das Spiel läßt sich bis ins Unendliche fortsetzen, ohne darum geistreicher zu werden.

Die „Faule Vernunft"

Platon verdankt seinen Ruhm bei breiten Schichten der Nachwelt nicht seiner Ideenlehre, sondern einem Mißverständnis. Selbst wenn jemand ihn mit dem Dichter Platen verwechseln würde, der in der „Verhängnisvollen Gabel" durch den Vers

Morgens zur Kanzlei mit Akten, abends auf den Helikon,

zahlreiche Zunftgenossen trefflich konterfeite, so hat dieser Jemand doch gewiß einmal von „platonischer Liebe" singen und sagen hören. Was er sich darunter vorstellt, hat mit Platon ebensowenig zu tun wie die „sapphische Liebe" mit Sappho. Indessen kommt es oft nicht darauf an, womit einer berühmt wird, sondern daß er's wird; Luther verdankt seinen Ruhm nicht zuletzt dem Tintenfaß, mit dem er den Leibhaftigen vertrieb.
In dieser Hinsicht haben die Stoiker mehr Glück bei der Nachwelt gehabt. Denn ihre sprichwörtliche Ruhe ist tatsächlich ein Ergebnis ihrer Lehre, und ein überzeugter Spurensucher der Antike in der Gegenwart hat sogar angenommen, daß die „stoische Ruhe" im russischen „nitschewo" und islamischen Kismet bis heute fortlebt[1]. Gewiß ist, daß im Stoizismus ein Zug von blindem Schicksalsglauben liegt, wie man ihn sonst nur bei den Anhängern der Fahne des Propheten antrifft.

Dafür zeugen zwei Schlüsse, die insofern zu den hintergründigsten Erzeugnissen der antiken Sophismen gehören, als sie offenbar bestimmt waren, den Fatalismus zu verteidigen – oder auch ad absurdum zu führen. Der erste ist der sogenannte „Erntebeweis". Er lautet[2]:

„Wenn du morgen dein Getreide schneidest, so handelt es sich dabei doch nicht um ein vielleicht eintretendes (sondern um ein bestimmt eintretendes) Ereignis?"

Ja.

„Wenn du aber morgen dein Getreide nicht schneidest, so handelt es sich auch dabei nicht um ein vielleicht eintretendes Ereignis (sondern wieder um ein bestimmt eintretendes)?"

Ja.

„In jedem Falle also schneidest du entweder morgen dein Getreide oder du schneidest es nicht?"

Ja.

„Also gibt es keine vielleicht eintretenden Ereignisse."

So leicht lösen sich indessen die Welträtsel nicht, und unser stoischer Gegner der Willensfreiheit hat nicht mehr Glück als Diodor, der uns die Möglichkeit der Möglichkeit mit einem Zirkelschluß ausreden wollte. Denn obwohl die Entdeckung der stoischen Falle etwas Aufmerksamkeit erfordert, ist doch auch dies Netz nicht fein genug gesponnen.

Der Trick liegt in dem Wörtchen „wenn", das bekanntlich eine zeitliche und eine konditionale Bedeutung haben kann. Das heißt, es kann einmal bedeuten: „dann, wenn ..." und das andere Mal: „falls". Oder auf unseren Fall angewandt: „Dann, wenn du morgen etwas tust, handelt es sich doch um ein bestimmt eintretendes Ereignis?", was auch der größte Zweifler getrost mit Ja beantworten kann. Hingegen: „Falls du morgen etwas tust, handelt es sich doch um ein bestimmt eintretendes Ereignis?" mit Ja zu beantworten, wäre völlig sinnlos, da der Nachsatz dem Vordersatz ins Gesicht schlägt. Denn falls ich etwas tun werde, sagt ja gerade, daß es nicht bestimmt geschehen wird. Da sich aber die beiden Ausdrucksweisen im üblichen Sprachgebrauch decken und überdies der zeitliche Gebrauch vorherrscht, wird man verleitet, mit Ja zu antworten und alsdann einzugestehen, daß man im Herzen schon längst an das Kismet geglaubt habe.

Es ist der klassische Fall einer „Äquivokation".
Das klassische Beispiel für den Fatalismus aber ist jener andere Schluß, den sich wohl jeder Mensch schon einmal vorgehalten hat[3]:
„Wenn dir das Schicksal bestimmt hat, daß du von dieser Krankheit genesest, ob du einen Arzt zuziehst oder nicht, so wirst du doch genesen?"
Ja.
„Wenn dir aber das Schicksal bestimmt hat, daß du von dieser Krankheit nicht genesest, ob du einen Arzt zuziehst oder nicht, so wirst du doch nicht genesen?"
Nein.
„Beides ist also Schicksal?"
Ja.
„Folglich kommt es nicht darauf an, ob du einen Arzt zuziehst."
Nein, es kommt in diesem Falle wirklich nicht darauf an, und dann ist es schon besser, man spart das Honorar.
Aber wie, empört sich der gesunde Menschenverstand, seit Jahrtausenden laufen die Menschen trotzdem zum Arzt?! Ich werde ihn jedenfalls auch in Zukunft lieber zu Rate ziehen, wenn es hart auf hart geht – besser ist besser!
Wir können den gesunden Menschenverstand beruhigen: Es ist nicht nur vom medizinischen, sondern auch vom logischen Standpunkt aus besser, er begibt sich in die Obhut eines guten Arztes und läuft lieber Gefahr, die Rechnung bezahlen zu müssen als sein Leben aufs Spiel zu setzen.
Denn der Gegner der Ärzte hat wohl logisch einwandfrei geschlossen – daran ist nicht zu rütteln; aber er hat vorausgesetzt, daß wir den Willen des Schicksals kennen, welches in dieser Weise entscheidet. Wenn wir wissen, daß wir mit oder ohne Arzt gesund werden und mit oder ohne Arzt sterben – dann hat es wahrhaftig keinen Sinn, noch bittere Pillen zu schlucken.
Woher aber sollten wir die Bestimmung des Schicksals kennen? Könnte es sich nicht auch etwa so entschieden haben: „Du wirst gesund, wenn du einen Arzt zuziehst", oder: „Du stirbst, wenn du keinen nimmst"? Nehmen wir einen äußersten Fall – denn bei unserem Stoiker müssen wir aufs Ganze gehen: Jemand ist am Verbluten und kann nur durch einen operativen Eingriff ge-

rettet werden; so hat es „das Schicksal bestimmt", um uns der Ausdrucksweise unseres Freundes zu bedienen. In diesem Falle kennen wir wenigstens mit hoher Wahrscheinlichkeit den Willen des Schicksals, und wir pflegen in jedem Falle nach ihm zu handeln, ob wir Fatalisten sind oder nicht. Nehmen wir dagegen eine Lungenentzündung, die möglicherweise auch ohne Arzt überwunden werden kann. Hier kennen wir den Willen des Schicksals nicht, und so wäre es beinahe schon fahrlässige Tötung, begangen am eigenen Leibe, wenn wir die sinnlosen Voraussetzungen unseres Stoikers mitmachen würden.
Der fatalistische Schluß, den uns Cicero in seiner Schrift über das Schicksal überliefert, hatte einen treffenden Namen: „ignava ratio", wie Cicero übersetzt, die „faule Vernunft". In allem blinden Schicksalsglauben steckt ein Quentchen Faulheit, die den lieben Gott den frommen Mann sein läßt und zufrieden ist, wenn er ihr die Verantwortung abnimmt. Freiheit des Willens aber liebt und sucht die Verantwortung.

Das sophistische Krokodil

Wer den Schluß auch erfunden haben mag, der unter dem Namen „Krokodilschluß" zu den bekanntesten Denkverlegenheiten gehört[1] – er ist ein geistreicher Mann gewesen: weniger wegen der logischen Schwierigkeit, die sich nicht wesentlich von den anderen Fällen unterscheidet, als wegen des Beispiels. Es gehört in seiner grotesken Anschaulichkeit zu den Meisterstücken sarkastischer Bosheit, und man könnte auf die Idee kommen, es sei von einem Gegner der Dialektik erfunden worden, um die Dialektiker in Verlegenheit zu bringen.
Ein Krokodil raubt einer Mutter ihr Kind. Die Mutter bittet, ihr das Kind wiederzugeben; das Krokodil sagt es ihr unter der Bedingung zu, daß sie eine Frage richtig beantworten kann. Die Mutter ist damit einverstanden, und das Krokodil fragt: „Werde ich dir das Kind zurückgeben oder nicht?"

Sagt die Mutter Nein, so erhält sie es auf keinen Fall. Denn hat sie falsch geraten, so hat sie die Bedingung nicht erfüllt; hat sie richtig geraten, so bekommt sie das Kind eben nicht, weil das Krokodil sich auf Nichtrückgabe entschieden hat, wie die Mutter richtig geraten hat.
Sagt sie hingegen Ja, so erhält sie es erst recht nicht. Denn wenn sie falsch geraten hat, so hat sie die Bedingung nicht erfüllt; richtig aber kann sie in diesem Falle gar nicht raten, weil das Krokodil niemals die Absicht hatte, das Kind zurückzugeben.
Man kann die zweite Hälfte des Beweises auch noch anders erzählen (so, daß die Mutter entgegnet, sie müsse das Kind auf jeden Fall bekommen); doch dann wäre der anschließend vorzutragende Streit um das Honorar des Protagoras einfach ein Abklatsch, was unwahrscheinlich ist, da sich Gellius, ein besonderer Liebhaber des „umkehrenden Schlusses“[2], den Spaß sicher nicht hätte entgehen lassen.
Auf jeden Fall bleibt das Dilemma so gruselig erheiternd wie eine Moritat. Man muß sich vorstellen, wie das listig blinzelnde Krokodil im Schlamme des Niles liegt, seines Opfers gewiß, doch in einem Anfall von schäbiger Ritterlichkeit bereit, der Mutter eine Gelegenheit zu geben. Es ist das Urbild des boshaften Sophisten, wie Protagoras das Urbild des durch seine eigene Weisheit geprellten Sophisten ist. Und eben darum könnte man meinen, ein Gegner der Dialektik habe dieses hinterhältige Dilemma ausgetüftelt.
Wie verhält es sich logisch? Scheinbar ist die Sache in bester Ordnung. Tatsächlich aber handelt es sich um einen ebenso unlogischen wie unsittlichen Vertrag. Denn ähnlich wie bei der „faulen Vernunft“ kennen wir die Absicht des Krokodils nicht, das natürlich fest entschlossen ist, das Kind nicht zurückzugeben. Die Mutter müßte antworten:
Ich werde dir die Frage nicht beantworten, weil du sie so gestellt hast, daß du das Kind unter allen Umständen behalten kannst. Das aber heißt, du hast eigentlich gar keine Frage gestellt, sondern nur so getan, als ob es sich um eine Frage handelte. Denn du sagst, du wolltest mir das Kind zurückgeben, falls ich die Frage richtig beantworte, ob du es zurückgeben werdest. Das aber bedeutet, daß du „das Stattfinden einer Tatsache von der Richtigkeit eines Urteils über diese Tatsache abhängig“ machst, wie

mich die Logiker gelehrt haben[3]. „Nun besteht, wie die Philosophen weiter sagen, die Richtigkeit beziehungsweise Falschheit eines Urteils in seiner Übereinstimmung beziehungsweise Nichtübereinstimmung mit einem unabhängig von diesem Urteil bestehenden Sachverhalt.“ Das wirst du nicht leugnen, denn wo sollten wir hinkommen, wenn wir immer erst ein – überdies noch richtiges – Urteil über eine Tatsache fällen sollten, ehe sie stattfindet, und wenn sie nur unter der Bedingung stattfinden würde, daß wir dieses Urteil zuvor fällen!

Aber ich kann mir schon denken, warum du Räuber meines Kindes diese Bedingung, die keine ist, gestellt hast. Du bist ein Anhänger jener seltsamen Lehre, nach der eine Bewegung unmöglich ist; jedenfalls scheint diese Weisheit in deinem Krokodilsgehirn noch nachzuspuken. Du wirst mir vielleicht gar noch beweisen, daß du mein Kind gar nicht geraubt hast und daß du es gar nicht fressen kannst.

Ich kann und werde dir Untier haarklein auseinanderlegen, wie deine schandbare Bedingung zustande kommt. Noch immer sind die Tatsachen den Urteilen vorangegangen. Als schwache, aber ehrliche Menschen wissen wir das auch, können uns aber den Tatsachen nicht anders nähern als durch unsere Urteile. Doch weil unsere Sprache unzulänglich ist, wie schon der weise Aristoteles gesagt hat, erkennt man den Unterschied nicht.

Ich will dir schwerfälligem Ungetüm an einem Beispiel diese subtilen Dinge klarmachen. Wenn ich jetzt nach Hause zu meinen Kochtöpfen komme, dann könnte ich – wie schon oft – erleben, daß ein Kochtopf zerbrochen am Boden liegt. Ich würde dann sagen: Hier ist ein Topf in Scherben gegangen, also hat ihn mein Kind in den Händen gehabt. Damit würde ich von der Wirkung auf die Ursache schließen, also den umgekehrten Weg nehmen, als ihn die Wirklichkeit genommen hat. Das ist so ehrlich und anständig, wie ein Mensch es überhaupt kann.

Du aber, ekelhaftes Schuppentier, verkehrst „das Verhältnis des Bedingenden zum Bedingten in sein Gegenteil“, um wiederum meinem Lehrer der richtigen Logik das Wort zu lassen[4], indem du „die objektive Wahrheit der Rückerstattung von der subjektiven Wahrheit der Rückerstattung oder ihres Gegenteils abhängig“ machst. Das kannst du allein vermöge der Doppeldeutigkeit der

Sprache, die hier keinen Unterschied macht. So scheint es, als ob du eine Frage und eine Bedingung stelltest; aber in Wahrheit handelt es sich um eine Scheinfrage und eine Scheinbedingung, die ich unter gar keinen Umständen beantworten oder annehmen werde. Ich hoffe, daß meine Beweisführung auch dich überzeugt hat, und erwarte die Rückgabe meines Kindes.
So etwa hätte eine logisch geschulte Mutter dem sophistischen Krokodil geantwortet. Ob sie ihr Kind dann wiederbekommen hätte, steht freilich auf einem anderen Blatte geschrieben. Sophisten pflegen nicht sehr zart zu handeln, wenn sie ihr Spiel verloren sehen.

Der geprellte Protagoras

„Euathlos, ein wohlhabender junger Mann, brannte darauf, die Redekunst zu erlernen und ein guter Rechtsanwalt zu werden. Er begab sich also zu Protagoras in die Lehre und verabredete mit ihm als Entschädigung ein erhebliches Honorar, wie es Protagoras gefordert hatte. Die Hälfte bezahlte er sogleich vor Beginn des Unterrichts; über die andere Hälfte einigte er sich mit ihm in der Weise, daß er sie zu entrichten habe, sobald er einen Prozeß geführt und gewonnen hätte.
Er war nun schon ziemlich lange Hörer und Anhänger des Protagoras gewesen und hatte im Studium der Redefertigkeit erhebliche Fortschritte gemacht. Nur machte er keine Anstalten, einen Prozeß zu übernehmen. Da bereits eine lange Zeit verstrichen ist und es den Anschein hat, als handelte Euathlos absichtlich so, um das restliche Honorar nicht zahlen zu müssen, faßt Protagoras einen seiner Meinung nach recht schlauen Entschluß. Er beschließt, die Restzahlung eintreiben zu lassen, und macht deshalb einen Prozeß gegen Euathlos anhängig.
Als sie zur Verhandlung vor Gericht erschienen waren, erhob sich Protagoras und sprach: *‚Du sollst hören, törichter junger Mensch, daß du meine Forderung auf jeden Fall zu bezahlen hast, ob das Urteil für oder gegen dich ausfällt. Denn wenn du*

kein Recht bekommen wirst, mußt du mir das Honorar laut Urteil zahlen, weil ich gewonnen habe. Wenn aber zu deinen Gunsten entschieden wird, steht mir das Honorar laut Vertrag zu, weil du einen Prozeß gewonnen hast.'
Darauf entgegnete Euathlos: *‚Ich könnte deiner doppelzüngigen Falle ausweichen, wenn ich mich nicht selbst verteidigen, sondern einen Rechtsanwalt beauftragen würde. Aber mein Sieg macht mir größeres Vergnügen, wenn ich nicht nur den Prozeß gewinne, sondern auch die Beweisführung. Höre also auch du, hochweiser Lehrer, daß ich deine Forderung auf keinen Fall bezahlen werde, ob das Urteil für oder gegen mich ausfällt. Denn wenn das Gericht für mich entscheidet, dann schulde ich dir laut Urteil nichts, weil ich gewonnen habe. Wenn aber gegen mich entschieden wird, dann schulde ich dir laut Vertrag nichts, weil ich meinen Prozeß nicht gewonnen habe.'*
Da meinten die Richter, daß dieser Fall zweifelhaft und wegen der beiderseits angeführten Gründe unauflöslich sei. Um nun keine Entscheidung zu fällen, die je nachdem wieder aufgehoben werden müßte, ließen sie den Streit unentschieden. So wurde also der auf Grund seiner Redefertigkeit berühmte Lehrer durch sein eigenes Beweismittel von seinem Schüler gefangen und durch den listigen Trick hingehalten."
Aulus Gellius, der uns neben anderen Autoren das Histörchen berichtet[1], hat ein sichtliches Behagen an dem Fall, das wir ihm nachfühlen können. Nicht nur, weil hier der Obersophist mit seinen eigenen Waffen geschlagen wird, von einem witzigen Vertreter der Jeunesse dorée überdies, dem er eben erst seine Künste beigebracht hat; sondern vor allem, weil hier die Sophisterei an ihrem empfindlichsten Punkte getroffen wird: an ihrer Geldgier. Die unmäßigen Honorare hatten die Vertreter der echten Philosophie und Wissenschaft, Sokrates und Platon, besonders erbittert. Dabei ärgerten sie sich nicht so sehr über die Höhe der Beträge, sondern über die nach ihrer Meinung beschämende Tatsache, daß jemand für geistige Arbeit Honorar forderte und erhielt. Denn nach griechischer Auffassung entwürdigte Geld den Geist. Geistige Beschäftigung war keine „Arbeit", die nach einer Bemerkung Ciceros[2] bei den Griechen mit „Schmerz" identisch war, sondern das Vergnügen des freien Mannes.

Wie angenehm war es also zu hören, daß sich Protagoras mit der Hälfte seiner Forderung begnügen mußte! Wie erfreulich war demnach die Erfindung unseres Histörchens, in dem einer der Geldgierigsten so peinlich zum Narren gehalten wurde! Sollte nicht wirklich ein Gegner der Dialektik den Fall erfunden haben, um damit die Sophisten bloßzustellen und überdies zu zeigen, wo es hinführt, wenn man sich im praktischen Leben nach ihrer Weisheit richtet?

Denn das berührt ja gerade so angenehm, daß es hier einmal nicht um imaginäre Krokodile oder um intellektuelle Verzaubeungen geht, sondern recht und schlecht um einen Fall, wie er wirklich einmal ein Gericht beschäftigen könnte. Freilich sei zur Ehre der Richter gesagt, daß sie sich wohl nicht mit dem juristischen Agnostizismus begnügen würden wie die athenischen, die in Sachen Protagoras gegen Euathlos zu entscheiden hatten. Sie würden nämlich entgegen dem – natürlich nur scheinbar korrekten – Buchstaben des Vertrages ihren gesunden Menschenverstand sprechen lassen und mit Recht sagen: Der Vertrag lautete so, daß die zweite Hälfte des Honorares zu entrichten sei, sobald der Beklagte einen Prozeß geführt und gewonnen habe. Er schloß also ein, daß der Beklagte tatsächlich einen Prozeß in einer angemessenen Zeit nach Beendigung seiner Lehrzeit führen müsse. Da er sich an diese Bestimmung nicht hielt, hat er den Vertrag verletzt und ist also zur Zahlung des Honorars verpflichtet. Damit wären die Richter gar nicht auf die sophistischen Reden des Klägers und des Beklagten eingegangen, sondern hätten die Sophisterei des Euathlos sozusagen an der Wurzel gepackt und vernichtet.

Natürlich kann man die Sache auch verwickeln[3], wenn man die Gerichte beschäftigen will und Spaß an Prozessen hat. Dann kann man Protagoras erst einmal auf Bezahlung klagen und Euathlos gewinnen lassen, worauf Protagoras einen zweiten Prozeß anstrengt, in dem er sich darauf beruft, daß Euathlos den ersten Prozeß gewonnen habe und nunmehr laut Vertrag zahlen müsse. Doch dürften in diesem Falle die Kosten den Wert des Streitgegenstandes erheblich überschreiten – und wäre dieser auch nur die Hälfte des höchsten Sophistenhonorares.

Die logische Zweideutigkeit der Angelegenheit erhellt schon aus

der einfachen Tatsache, daß sich Kläger wie Beklagter bei ihren Begründungen, warum sie das Geld „auf jeden Fall" zu erhalten beziehungsweise nicht zu zahlen hätten, einmal auf das Urteil, das andere Mal auf den Vertrag berufen. Daß die Berufung auf Urteil und Vertrag aber jeweils das entgegengesetzte Ergebnis zeitigt, deutet darauf hin, daß in der Voraussetzung ein unausweichlicher Gegensatz enthalten ist. Er beruht darin, daß der Prozeß, der um das Honorar geführt wird, zugleich als Maßstab dafür gelten soll, ob das Honorar gezahlt wird. Protagoras hatte natürlich einen Fremdprozeß gemeint, als er auf die Vertragsbedingungen einging, während Euathlos die Bedingungen willkürlich auf einen Eigenprozeß umdeutete. „Illegitimität durch Selbstbezug", sagt der Logiker[4]; „Ausdeutung eines Vertrages, die mit dem Geist, in dem er geschlossen wurde, nicht übereinstimmt", sagt der Jurist.
Damit haben wir dem Obersophisten doch noch recht geben müssen. Es bleibt ein schwacher Trost, daß sich die athenischen Richter wenigstens in der Anekdote nicht zu helfen wußten und daß Protagoras damals sein Honorar tatsächlich nicht erhalten hat. Die Redlichkeit muß es ihm jedenfalls nach mehr als zweitausend Jahren zusprechen.

Soll man heiraten oder nicht?

Die Alten sahen den Mangel eines solchen „umkehrenden Schlusses" ein wenig äußerlich. Sie meinten, wie Gellius erzählt[1], das Fehlerhafte beruhe darin, daß „der vorausgegangene Beweissatz zurückgegeben und nach der anderen Seite gegen denjenigen gewandt werden kann, von dem er vorgebracht wurde, und daß er auf diese Weise nach beiden Seiten hin Geltung und Bedeutung erhält".
Dazu zeichnet Gellius noch ein anderes Anekdötchen auf, das ähnlich wie die Geschichte vom geprellten Protagoras läuft, aber logisch recht ungenau bleibt[2]. Als nämlich Bias von jemandem gefragt wurde, ob man sich eine Frau nehmen solle, antwortete er:

„Entweder wirst du dir eine Schöne oder eine Häßliche nehmen. Wenn du dir eine Schöne nimmst, so wirst du sie mit anderen gemeinsam haben; wenn du dir aber eine Häßliche nimmst, so schaffst du dir eine Pein. Beides kannst du nicht brauchen; also darfst du gar nicht heiraten.“
Oder in einem Merkverschen für Heiratswillige:

Nimmst du dir eine Schöne,
Hast du sie nicht allein;
Nimmst du dir eine Häßliche,
So wird sie dir zur Pein.

Natürlich ließ sich auch hier das Blättchen wenden: *„Wenn ich mir eine Schöne nehme, so habe ich keine Pein; wenn ich eine Häßliche nehme, dann habe ich sie nicht mit anderen gemeinsam; also kann ich doch heiraten.“*
Ohne näher auf die Richtigkeit des Inhaltes eingehen zu wollen, sei doch ein trockener logischer Einwand erlaubt. 1. Wer kann schlüssig beweisen, daß Häßlichkeit vor Untreue schützt und Schönheit zur Untreue verführt? Gewiß sind die Möglichkeiten größer als umgekehrt; hundertprozentig läßt sich aber in diesem Falle überhaupt nichts behaupten. 2. „Es gibt, um Gellius dozieren zu lassen[3], zwischen einem Ausbund von weiblicher Schönheit oder Häßlichkeit noch eine gewisse mittlere Gattung von Erscheinungen, bei denen allerdings eine Versuchung wegen ihrer hinreißenden Schönheit oder eine Abneigung wegen etwaiger auffallender Häßlichkeit ganz außer Spiel bleibt, welche Ennius ... mit einem höchst gewählten Ausdruck bezeichnet und ‚stata‘, das heißt mittlere, bescheidene, proportionierte Erscheinung nennt. Bei ihr kann dann nicht die Rede davon sein, daß sie sich als unkeusche Vettel oder als häßlicher Drache entpuppen wird.“
Somit ist also auch vom logischen Standpunkt gegen die Eheschließung nichts einzuwenden.
Daß selbst gelehrte Leute den Tücken des „umkehrenden Schlusses“ nicht immer entgehen, wird dem jüngeren Plinius nachgesagt. Er führte einen Rechtsfall an[4]:
„Ein tapferer Held soll stets mit dem Preise beschenkt werden, den er sich selbst gewünscht hat. Ein Mann, der eine tapfere

Tat vollbracht hatte, fordert die Gattin eines anderen zur Ehefrau und empfängt sie also auch. Darauf vollbringt auch der, dessen Ehefrau sie zuvor war, eine Heldentat; darum verlangt er seine eigene Frau wieder zurück. Die Angelegenheit kommt zum gerichtlichen Austrag."

Der frühere Ehemann bringt folgendes vor: „*Hat das Gesetz deinen Beifall, verehrter Richter, so gib mir meine Frau wieder; mißbilligst du aber das Gesetz, so versteht es sich von selbst, daß du sie mir wiedergibst.*"

Plinius hielt diesen Einwand für sehr geistreich, da er meinte, der Kläger müsse seine Frau auf jeden Fall zurückerhalten. Er übersah aber, daß der zweite Ehemann ein Dialektiker hätte sein können, der den „umkehrenden Schluß" anwenden und also hätte sprechen können: „*Wenn das Gesetz gut ist, dann brauche ich dir deine Frau nicht zurückzugeben; ist es aber schlecht, so brauche ich sie dir erst recht nicht zurückzugeben.*"

Wenn wir einmal von der Tollheit des Gesetzes absehen und hinnehmen wollen, daß offenbar vergessen wurde, die Ausführungsbestimmungen zu erlassen; wenn wir auch darüber kein Wort verlieren wollen, daß der Richter zu entscheiden hat, mag das Gesetz gut oder schlecht sein, so bleibt doch noch die erstaunliche Unlogik in den Ausführungen von Kläger und Beklagtem. Denn beide berufen sich jedesmal auf etwas ganz anderes: das eine Mal auf die objektive Handhabung des Gesetzes, das andere Mal auf die subjektive Meinung des Richters. Sie verkleiden ihre Sophisterei natürlich sprachlich, indem jeder seine beiden Wenn-Sätze in der gleichen Weise formuliert und damit den Eindruck erweckt, als handelte es sich auch sachlich um das gleiche.

Hat der erste Held nun seine Frau wiederbekommen, hat der zweite sie behalten? Darüber schweigt der Bericht, denn nicht auf die Lösung kam es den Dialektikern an, sondern auf die verblüffende Frage.

Trugschlußlösen als Gesellschaftsspiel

„Während der Feier der Saturnalien vertrieben wir uns zu Athen die Zeit durch eine Art von heiterem und anständigem Würfelspiel. Wenn mehrere Studienfreunde zur Zeit der Badestunden beisammen waren, ersannen wir Trugschlüsse, sogenannte Sophismen, und jeder von uns gab solche Trugschlüsse zum besten, wenn die Reihe an ihn kam. Er warf sie dann wie Knöchel oder Spielwürfel mitten in die Unterhaltung hinein. Für einen gelösten Trugschluß oder für einen nicht verstandenen wurde eine Silbermünze als Lohn oder Strafe festgesetzt. Als Spielgeldgewinn wurde für die eingesammelten Strafgelder zum Besten aller Teilnehmer stets ein kleines Mahl bereitet."
Was für Parmenides und Zenon eine ernste Sorge gewesen war, womit die Sophisten durch Athen wie der Rattenfänger durch Hameln gezogen waren, um Schüler anzulocken; was den megarischen Streithähnen als Zankapfel und den Stoikern zum Beweise ihres Fatalismus gedient hatte – das war jetzt zum reinen Gesellschaftsspiel geworden. Aulus Gellius, der in der Mitte des 2. Jahrhunderts unserer Zeitrechnung als Student in Athen lebte und sein Material für die „Attischen Nächte" sammelte[1], nahm offenbar mit Leidenschaft an derartigen Veranstaltungen teil. Da man wie ein guter Spieler beim Einsatzspiel keine Gefahr lief und auf jeden Fall zu einem guten Essen kam, können wir ihm seine Vorliebe nachfühlen, zumal der Student der Philosophie das Angenehme mit dem Nützlichen verband, indem er durch die Lösungen der Sophismen die Vorlesung über Logik praktisch anwenden konnte.
Wie ging nun das Spiel im einzelnen vor sich? „Jeder, der nach der Spielordnung dazu aufgerufen wurde, einen Trugschluß zu widerlegen oder zu entkräften, mußte erklären, in welchem Satzteil oder in welchem Wort das Verfängliche enthalten sei, was zugegeben und zugestanden werden müsse und was nicht. Wenn er die richtige Erklärung nicht getroffen hatte, wurde er jedesmal mit einer Silbermünze bestraft. Das Strafgeld kam dann stets dem Essen zugute."

Während Gellius noch mit Kennermiene an die eleganten Schlüsse und die köstlichen Gerichte zurückdenkt, fällt ihm gleich eine Anekdote ein[2]:

„Zum Vergnügen muß ich hier noch berichten, wie fein und witzig dereinst Diogenes einen Dialektiker aus der Philosophenschule Platons abfertigte, als dieser ihn aus Schabernack mit einem Trugschluß bloßzustellen gedachte.

Der Dialektiker hatte nämlich dem Diogenes folgende Frage gestellt: ‚*Was ich bin, das bist du doch nicht?*'

Diogenes gab das zu, und der Dialektiker fuhr fort: ‚*Ich aber bin ein Mensch.*'

Diogenes anerkannte auch diesen Satz als richtig. Darauf schloß der Dialektiker kühn: ‚*Also bist du kein Mensch.*'

Darauf meinte Diogenes: ‚Dieser Schluß ist verkehrt; wenn du ihn aber richtig machen willst, so mußt du bei mir anfangen!' "

Gellius erzählt noch von einem weiteren Saturnalienfest, bei dem sich die studentische Jugend in Athen mit dem Lösen ergötzlicher Rätsel und Trugschlüsse vergnügte. Unter anderem wurden der beliebte „Lügner" und der „Gehörnte" zur Lösung gestellt. Als Preise setzte der Gastgeber ein griechisches oder ein lateinisches Buch eines alten Schriftstellers und einen Lorbeerkranz aus. Das Los entschied, in welcher Reihenfolge und zu welchem Thema die Gefragten zu antworten hatten. Wenn keiner die Frage lösen konnte, wurde der Kranz dem Gott zugesprochen, dessen Fest man gerade beging.

Dabei wurde als erstes eine Frage gestellt[3], mit der wir unseren Gang durch das paralogistische Labyrinth beenden wollen. Sie betraf die Auslegung einer verzwickten Stelle aus den Satiren des Ennius. Der Dichter hatte darin dasselbe Wort in verschiedener Bedeutung wiederholt und kunstgerecht verflochten; wir müssen die vier Verse darum erst einmal lateinisch zitieren:

Nam qui lepide postulat alterum frustrari,
Quem frustratur, frustra eum dicit frustra esse; nam qui
Sese frustrari quem frustra sentit, qui frustratur,
Is frustra est, non ille est frustra.

Das klingt vielversprechend wie der Zungenbrecher im Kinderreim. Indessen hat der Seiltanz doch seinen guten Sinn:

Sei es auch scherzweis', wer zu betrügen den andern sich anmaßt,
Wen er betrügt, den hält er trüglich betrogen; denn merkt wer,
Daß ihn trügerisch einer betrüget, bei dem Betruge
Dann der Betrüger betrogen nur bleibt, unbetrogen doch jener.

Ist dieses Jongleurstückchen nicht geradezu ein Sinnbild für unsere dialektischen Zauberkünstler, die – betrogene Betrüger – zu schieben meinten und geschoben wurden? Sooft sie auch versuchten, den gesunden Menschenverstand zu täuschen, hat er sich damit beruhigen können, daß sein Netz keine offenen Maschen hat, durch welche die wendigen Fischlein der Dialektiker entwischen können. Aber zu ihrem Lobe und Ruhme sei gesagt, daß viele es uns recht schwer gemacht haben, ihre Absicht zu merken, und daß wir um so weniger verstimmt waren, je besser ihnen ihre Tricks geglückt sind.

Lob des gesunden Menschenverstandes

Der gesunde Menschenverstand ist nicht totzukriegen. Seit Parmenides die logischen und ontologischen Waffen geliefert hat, sind in gehörigen Abständen immer wieder Attentate auf den gesunden Menschenverstand versucht worden; aber er hat die Pfeil' und Schleudern abgeschüttelt und ist siegreich aus allen Anfechtungen hervorgegangen.
Im Mittelalter hatten die Lehrer der echten Philosophie alle Hände voll zu tun, um sich und den gesunden Menschenverstand gegen die Angriffe der Dialektiker zu verteidigen, die wie Pilze nach einem warmen Sommerregen aus der fruchtbaren Erde schossen. Dabei verfuhren die Logiker so, daß sie alle in den Schriften der Alten überlieferten Kalauer, Trugschlüsse und Denkverlegenheiten systematisch untersuchten und wie die Schmetterlinge in grotesken, nach Möglichkeit vollständigen Sammelkästen aufspießten. Auf diese Weise brachte es etwa Hentisberus auf 87

Sophismen, Albert von Riggensdorf, ein Fachmann in dieser Folterkammer der Logik, auf deren 254, die er auf 216 enggedruckten Quartseiten abhandelte[1]. Wenn die Denkverlegenheiten sorgfältig untersucht wurden, dann geschah es wie bei Petrus Hispanus, der gewöhnlich an den Anfang seiner Erörterungen einen Trugschluß stellte, dann den Beweis, alsdann den Gegenbeweis und am Schluß die Auflösung lieferte[2]. Die von Fall zu Fall erläuterten „Sophistischen Widerlegungen" des Aristoteles, in der Regel mit denselben allerorten wiederholten Beispielen versehen, sind Legion. Sie gehörten in jedes ordentliche Lehrbuch der Logik, um die Schüler vor den Versuchungen des paralogischen Teufels zu warnen.

Treten wir den mittelalterlichen Rittern des gesunden Menschenverstandes zu nahe, wenn wir glauben, er wäre auch ohne sie nicht zugrundegegangen? Er hat nun einmal, allen Paralogikern und Sophisten und Dialektikern und andern Hyperboreern des Geistes zum Trotz, unvergängliches Leben. Denn er wird mit jedem gesunden Menschen von neuem geboren und diesem Menschlein als Angebinde einer freundlichen Fee mitgegeben, so wie die Mutter ihrem Kinde die andere große Gabe der Natur übermittelt: den Mutterwitz. Gesunder Menschenverstand und Mutterwitz gehen Hand in Hand durch Hölle, Tod und Teufel. Und sie unterliegen nicht den Verführungskünsten paralogischer Sirenen, die ihnen durch ihr Lied die Scheinwahrheit vorspiegeln, man könne sich durch Hexerei die redliche Mühe des Lebens ersparen und Früchte ernten, wo man nichts gesät hat.

Im Jahre 1846 ließ Dr. Mises alias Gustav Theodor Fechner ein Büchlein erscheinen, in dem er „Vier Paradoxa" behandelte. In einem von ihnen macht er sich und uns das Vergnügen, den Hexenritt nicht nur als möglich, sondern als geradezu notwendig zu erweisen[3], und zwar 1. durch historische Gründe, 2. durch experimentale Gründe, 3. durch teleologische Gründe, 4. durch physikalische Gründe, 5. durch physiologische Gründe, 6. durch philosophische Gründe, 7. durch philologische Gründe. Der Aufsatz ist eine amüsante Parodie auf die positivistische Wissenschaft. Wäre er aber ein paar Jahrhunderte früher geschrieben worden, dann hätten die Zeitgenossen die Verteidigung des Hexenrittes keineswegs als Vergnügen hingenommen, sie hätten ihn vielmehr

ernsthaft als Beweis für das Dasein von Hexen betrachtet und wahrscheinlich viel Unheil mit ihm angerichtet. Denn zuweilen schläft auch der gesündeste Menschenverstand. Dann aber haben die Sophisten und Paralogisten gute Weile für ihr sauberes Handwerk und beweisen uns mit scheinbar unwiderleglicher Genauigkeit das Dasein von Hexen und Hexenritten.
Aber wenn der gesunde Menschenverstand schläft, dann ruht er aus und erholt sich. Ein paar Stunden, ein paar Jahre später ist er wieder wach, schüttelt sich und lacht wie ein munteres Kind. Mit dem Schlaf reibt er sich die Hexenträume aus den Augen und springt leichtfüßig über die Fußangeln und Hinterhalte, die ihm die Sophisten gelegt haben. Er altert nicht wie der Leib des Menschen; ja er entwickelt sich oft in höherem Alter zu einem erfreulichen Exemplar, mit dem die Sophisten ihren Kummer haben. Und wenn er auch mit dem einzelnen Menschen sein Dasein beschließt – als Mitgift der Gattung ist er so unsterblich wie das Leben selbst. Denn er ist kein Bastard der Natur wie der sophistische Verstand, sondern ihr echtes Kind, an dem sie ihre Freude hat.

Literaturverzeichnis

Quellen

Hermann Diels / Walther Kranz, Die Fragmente der Vorsokratiker (1903), ^{8}1956. Übersetzung nach: Wilhelm Capelle, Die Vorsokratiker – Die Fragmente und Quellenberichte übersetzt und eingeleitet, Leipzig 1935; zit.: Diels bzw. Cap. Vgl. Die Anfänge der abendländischen Philosophie, Zürich (Artemis) 1949.

Platon, Euthydemos. Übersetzung nach Rudolf Rufener in der Gesamtausgabe der Dialoge, Zürich (Artemis) 1958–1974; hier: Frühdialoge, 1960.

Ders., Sophistes, Protagoras, Gorgias, Phaidros, Parmenides, Theaitetos.

Aristoteles, Sophistici elenchi. Übersetzung nach: Eugen Rolfes, Aristoteles, Sophistische Widerlegungen ... (= Phil. Bibl. 13), Leipzig 1918.

Ders., Topik, Metaphysik.

Cicero, De fato u. a.

Aulus Gellius, Noctes Atticae. Übersetzung nach: Fritz Weiß, Die Attischen Nächte des Aulus Gellius ... I–II, Leipzig 1875 f.

Lucianus, Vitarum auctio.

Sextus Empiricus, Pyrrhoniani compendii. Übersetzung nach: Eugen Pappenheim, Des Sextus Empiricus Pyrrhoneische Grundzüge ... (= Phil. Bibl. 89), Leipzig 1877.

Ders., Adversus mathematicos.

Diogenes Laertius, De vita philosophorum. Übersetzung nach: Anon., Des Diogenes Laertios Philosophische Geschichte ..., Leipzig 1806.

Kritische Literatur

Jeremy Bentham, The Book of Fallacies from Unfinished Papers, by a Friend, London 1824.

Carl Prantl, Geschichte der Logik im Abendlande I–IV, Leipzig 1855–1870.

Eduard Zeller, Die Philosophie der Griechen ... I, Leipzig ^{5}1892; II, Tübingen ^{2}1859.

Alfred Sidgwick, Fallacies – A View of Logic from the Practical Side, London [3]1901.
Richard Hönigswald, Die Philosophie des Altertums ..., München 1917.
Theodor Gomperz, Griechische Denker ... I–III, Berlin-Leipzig [4]1922–1931.
Friedrich Überweg / Karl Prächter, Die Philosophie des Altertums, Berlin [12]1926.
Rudolf Eisler, Wörterbuch der philosophischen Begriffe I–III, Berlin [4]1927–1930.
F. P. Ramsey, The Foundations of Mathematics and Other Logical Essays, London 1931, bes. 1–61.
Rudolf Carnap, The Logical Syntax of Language, London / New York 1937, § 60.
Alfred Tarski, The Concept of Truth in Formalized Languages, in: Logic, Semantics, Metamathematics, Oxford 1956, 152–278.
Wolfgang Stegmüller, Das Wahrheitsproblem und die Idee der Semantik, Wien 1957.
Willard van Orman Quine, The Ways of Paradox and Other Essays, New York 1966, bes. 3–20.
Ludwig Wittgenstein, Zettel, Oxford 1967 (Frankfurt/M. 1970), § 691.
Kuno Lorenz, Elemente der Sprachkritik, Frankfurt/M. 1970, 43–46.
Wolfgang Raible, Satz und Text – Untersuchungen zu vier romanischen Sprachen (= Beihefte zur Zs. für roman. Philol. 132), Tübingen 1972, hier 237–241: Das Nebeneinander verschiedener Ebenen und die Termini „wahr" und „falsch".
Ferner die Lehrbücher der Logik von Bain, Bolzano, Erdmann, Gutberlet, Fries, Lotze, Sigwart, Ziehen u. a.

Anmerkungen

Antike Trugschlüsse in modernem Gewande

1 Cervantes, Don Quixote II, Leipzig o. J. (Insel-Ausgabe), S. 538 ff.

Ein Kapitel Philosophiegeschichte und Logik

1 Heraklit bei Diels 22 A 1 = Cap. 130, Nr. 2, und Diels 22 B 3 = Cap. 130, Nr. 3. – Der Sinn des Fragmentes könnte freilich auch sein, daß die Sonne nur für unsere Anschauung Fußbreite hat.
2 Anaxagoras bei Diels 59 A 1 = Cap. 254, 3.
3 Anaximander bei Diels 12 A 21 = Cap. 77, 4.
4 Diels 22 B 12 = Cap. 132, 15.
5 Goethe: „Dauer im Wechsel". Heraklit: Diels 22 B 91 = Cap. 132 f., 17.
6 Diels 28 B 8, V. 40 f. = Cap. 167 f., 8.
7 Diels 28 B 1 = Cap. 169, 8 a.
8 Ernst Hoffmann, zit. bei Cap. 161.
9 Diels 28 B 6, V. 1 f. = Cap. 165, 6.
10 Diels 28 B 8, V. 42 ff.

Zenon von Elea

1 Diels 28 B 8, V. 51 = Cap. 168, 8.
2 Diels 28 B 6, V. 5.
3 Platon, Parm. 128 b.
4 Platon: Phaedr. 261 d; Kant: Kritik der reinen Vernunft, hg. v. Raymund Schmidt, Leipzig [2]o. J. (= 1924), 580. – Über Zenon vor allem: Diog. L. IX 25 ff. Vgl. ferner Prantl I 9 f.; Zeller I 584 ff.; Ferdinand Schneider, Zeno aus Elea, Philol. XXXV (1876), 602 ff.; R. Salinger, Kants Antinomien und Zenons Beweise gegen die Bewegung, Arch. für Gesch. der Philos. 1. Abt. XIX (1906), 99 ff.; Max Schneidewin, Von griechischen Trugschlüssen, Sokr. N. F. IV (1916), 193 ff.; Julius Hart, Von den griechischen Trugschlüssen, ebd. 342 ff.; Hönigswald 81 ff.; Th. Gomperz I 158 ff.; Alexander Koyré, Bemerkungen zu den Zenonischen Paradoxen, Jb. für Philos. und phänom. Forsch. V, Halle/Saale 1922, 603 ff. (K. würdigt ausführlich die Behandlung der Paradoxe durch Evellin, Noël und Bergson); Cap. 169 ff.; Wilhelm Totok, Handbuch der Geschichte der Philosophie I, Frankfurt/M. 1964, 123 f.; Adolf Grünbaum, Modern Science and Zeno's Paradoxes, London 1967; Gregory Vlastos, Zeno of Elea, in: The Encyclopedia of Philosophy VIII, New York / London 1967, 369–379, bes. 372 ff.; G. Faggin, Zenone di Elea, in: Enciclopedia Filosofica VI, Firenze [2]1969, Sp. 1206–1208. Bei Totok und Faggin die wichtigsten bibliographischen Hinweise.

Etwas ist zugleich klein und groß

1 Ich folge Zeller und Schneider 613 ff. in der Anordnung und Wiederherstellung der „Beweise". – Diels 29 A 21 = Cap. 171 f., 3; 29 B 2 und 29 B 1 = Cap. 174, 10.
2 Salinger 106 Anm.
3 Diels 29 B 3 = Cap. 175, 11.

Es gibt keinen Raum

1 Diels 29 A 24 = Cap. 172 f., 5–7. Dazu Zeller I 595 f.; Schneider 621; Th. Gomperz I 161 f. – Die Auflösung verdanke ich Heinz Horn.

Das „Hirsekorn"

1 Diels 29 A 29 = Cap. 175 f., 12 f. Dazu Zeller I 596; Schneider 613 f.; Th. Gomperz I 159 ff.

Es gibt keine Bewegung

1 Diels 29 A 25 = Cap. 177, 15. Dort auch die Widerlegung durch Aristoteles. Dazu Zeller I 597; Th. Gomperz I 163 f.

Achill holt die Schildkröte nicht ein

1 Diels 29 A 26 = Cap. 178, 17. Dazu Zeller I 597 f.; Th. Gomperz I 162 ff.; Gilbert Ryle, Dilemmas, Cambridge 1954 (^{6}1966), hier 36–53: Achilles and the Tortoise; dt.: Begriffskonflikte, Göttingen 1970, hier 49–69: Achilles und die Schildkröte.
2 Wie etwa Hart 343 f.
3 Schneidewin 193 ff.
4 Th. Gomperz I 162 f.
5 Gegen Cap. 178, Anm. 2.
6 Schneider 624 nach Überweg und Gerling.
7 Th. Gomperz I 163.
8 Schneider 624 f.
9 A. Fraenkel, Einleitung in die Mengenlehre, Berlin ^{2}1923, 7.

Der fliegende Pfeil ruht

1 Diels 29 A 27 = Cap. 178, 18 f. Dort auch die Widerlegung durch Aristoteles.
2 Diels 29 B 4 = Cap. 177, 14. Dazu Zeller I 598 ff.; Schneider 627; Th. Gomperz I 164 f.

3 Nach Schneider 629.
4 Nach Johann Eduard Erdmann, Grundriß der Geschichte der Philosophie, bearb. von Ferdinand Clemens, Berlin-Zürich 1930, 25.
5 Ebd. Dazu Prantl I 10 f.

Die halbe Zeit ist der doppelten gleich
1 Diels 29 A 28 mit Alexanders Figur = Cap. 179 f., 20 f. Dazu Zeller I 601 f.; Th. Gomperz I 165.

„Halb Professor und halb Journalist"
1 Th. Gomperz I 159.
2 Ebd. 343.
3 Soph. 221 c–226 a.
4 Th. Gomperz I 345 ff. Vgl. Heinrich Gomperz, Sophistik und Rhetorik, Leipzig-Berlin 1912.
5 Euthyd. 273 d.
6 Ebd. 303 b.
7 Prantl I passim.

Das Lob der Helena
1 Diels 82 B 11 = H. Gomperz 11.

Nicht-Geld ist doch Geld
1 Diels 82 B 11 a = H. Gomperz 12 ff.
2 Diels 80 A 21 = Cap. 325, 2 bei Aristoteles.
3 Diels 82 B 3 = Cap. 345 ff., 1 = H. Gomperz 18 ff.
4 Th. Gomperz I 395 f.
5 Ebd. 398.

Ist Krankheit ein Gut?
1 Theait. 161 c.
2 Ebd. 151 e.
3 Ebd. 167 b.
4 Diog. L. IX 52 f.
5 Diels 80 A 21 = Cap. 325, 3; Diels 80 A 1 = Cap. 325, 4; Diels 80 A 20 = Cap. 326, 6.
6 H. Gomperz 140 ff.
7 Diels 68 A 114 = Cap. 440, 122.
8 Diels 80 A 19 = Cap. 329, 12.
9 H. Gomperz 150.

Der unmoralische Dramatiker

1 H. Gomperz 164.
2 Ebd. 168.

Der griechische „Kalauer"

1 Ebd. 143.
2 Arist. Soph. el. 25, 180 b.
3 Ebd. 22, 178 b.
4 Ebd. 10, 171 a.

Generalangriff auf den gesunden Menschenverstand

1 Die Charakteristik nach Zeller I 1112 ff. Dazu Prantl I 20 ff.; H. Bonitz, Platonische Studien, Berlin ^{3}1886, 93 ff.; Ulrich v. Wilamowitz-Moellendorff, Platon, Berlin 1919, I 296 ff., II 154 ff.; Apelt, Einleitung zur Übersetzung; Th. Gomperz II 422 ff.
2 Euthyd. 271 c.
3 Ebd. 278 b.

Lernen die Schüler oder die Lehrer?

1 Ebd. 275 d–277 c.
2 Th. Gomperz II 423.

Ändert sich das Wesen mit den Eigenschaften?

1 Euthyd. 283 b–d.

Die Tirailleure aus Megara

1 Vgl. Prantl I 33 ff.; Zeller II 173 ff.; besonders Th. Gomperz II 134 ff.
2 Ebd. 136.
3 De cohib. ira 14, 462 c; De frat. amore 18, 489 d. – Über Eukleides vgl. Diog. L. II 107 f.
4 Ebd. II 108.
5 Ebd. 113 ff.
6 Ebd. 109.
7 Sext. Emp. adv. math. IX 107 f.

Der Satz von der Allgewalt

1 Ebd. I 310.
2 Diog. L. II 111; dazu Th. Gomperz II 543, Anm. 1 zu 160 und 156 ff.; Zeller II 189 ff.

3 Sext. math. X 85 f., 97 ff. u. ö.
4 Ebd. 347.
5 Sext. pyrrh. II 242.
6 Ebd. 245.
7 Th. Gomperz II 542, Anm. 1 zu 157. Cic. de fato 6 ff. u. ö.
8 Ad fam. IX 4.

Der „Lügner“

1 Alexander Rüstow, Der Lügner – Theorie, Geschichte und Auflösung, Diss. Erlangen, Leipzig 1910, 45. Hier ist das Material vollständig zusammengetragen, besonders 40. Dazu Prantl I 51; Benno Urbach, Über das Wesen der logischen Paradoxa, Zs. für Philos. und philos. Kritik CXL (1910), 81 ff., besonders 87 ff. (U. führt auch die Auffassungen von Fries, Bolzano, Savonarola an); dagegen Otto Samuel, Über diskursive Sophismen, ebd. CXLVII (1912), 185 ff.; Th. Gomperz II 151 f.; Alexander Koyré, The Liar, in: Philosophy and Phenomenological Research 6 (1946), 344–362; Francesca Rivetti Barbò, L'antinomia del mentitore nel pensiero contemporaneo – Da Peirce a Tarski (= Pubbl. dell'Univ. Catt. del Sacro Cuore, Serie terza, Scienze filos. 5), Milano 1961: behandelt die Untersuchungen zum Lügner von 1868 bis 1958, 702–731 Bibliographie von 281 Titeln; Yehoshua Bar-Hillel, Aspects of Language, Jerusalem 1970, hier 244–252: The Revival of „The Liar“; 253–257: New Light on „The Liar“; 273–285: Do Natural Languages contain Paradoxes?; The Paradox of the Liar, ed. by Robert L. Martin, New Haven / London 1970, hier 135–149 umfassende Bibliographie.
2 Athen. IX 401 e.
3 Aulus Gell. XVIII 2, 10; Ciceros Erläuterungen verzeichnet Rüstow.
4 Z. B. Callim., Hymn. in Iovem 8.
5 Rüstow 50.
6 Soph. el. 25, 180 b.
7 Aulus Gell. XI 12, 2.
8 I 4 (72) nach Rüstow 100.

„Elektra“ oder „Der Verhüllte“

1 Luc. Vit. auct. 22; Arist. Soph. el. 24, 179 a u. ö. Dazu Prantl I 51 f.; Th. Gomperz II 152 f.

Der „Haufen", der „Kahlkopf" und der „Stete Tropfen"

1 Pyrrh. II 229 ff., besonders 252.
2 Ebd. 253. Diog. L. VII 82; Cic. Ac. pr. II 92 ff. u. ö.; Arist. Soph. el. 24, 197 a. Dazu Prantl I 54 f.; Th. Gomperz II 149 ff.
3 Hor. epist. II 1, 45 ff.; Prantl ebd.
4 Arist. phys. ausc. VIII 3, 253 b u. ö.
5 II 150.

Der „Gehörnte" und der „Geschlagene Vater"

1 XVI 2.
2 Ebd. 9–12; Diog. L. VII 187; Arist. Soph. el. 22, 178 a u. ö. Dazu Prantl I 53; Th. Gomperz II 153 f.
3 Diog. L. II 135.
4 Aulus Gell. XVI 5–7.

Der redliche Betrüger

1 1, 164 a–165 a.
2 Diog. L. VII 44.
3 A. a. O. p. 1.

Sokrates ist nicht Sokrates

1 Vgl. Prantl I 487 ff.
2 Nach dems. 491.
3 Ebd.
4 Ebd. nach Schol. ad Hermog. VII 383, 928.

Die „Faule Vernunft"

1 Hans Lamer u. a., Wörterbuch der Antike, Leipzig o. J. (= ^{2}1933), 764.
2 Nach Prantl I 492.
3 Cic. de fato 12, 28. Vgl. Prantl I 489.

Das sophistische Krokodil

1 Luc. Vit. auct. 22; Schol. ad Hermog. IV 170. Dazu Prantl I 493; Urbach 92 ff.
2 V 10 f.
3 Urbach 93.
4 Ebd. 94.

Der geprellte Protagoras
1 V 10. Dazu Prantl I 493 f.; Urbach 91 f.
2 Tusc. II 15.
3 Urbach 91.
4 Ebd. 92.

Soll man heiraten oder nicht?
1 V 10, 3.
2 V 11, 2 f. Dazu Prantl I 525 ff.
3 V 11, 11 f.
4 Aulus Gell. IX 16.

Trugschlußlösen als Gesellschaftsspiel
1 XVIII 13.
2 XVIII 2.
3 XVIII 2, 7.

Lob des gesunden Menschenverstandes
1 Vgl. Prantl IV 92 und 83.
2 Ebd. 61 ff.
3 41 ff., besonders 66.

Inhalt

Umschlagbild: Zeichnung nach der attischen sogenannten Schulmeistervase (um 500 v. Chr.) in Berlin.